奥巴马的管理之道

崔智东 / 著

台海出版社

图书在版编目(CIP)数据

奥巴马的管理之道 / 崔智东著.—北京:台海

出版社,2015.11

ISBN 978-7-5168-0762-0

Ⅰ.①奥… Ⅱ.①崔… Ⅲ.①管理学–通俗读物

Ⅳ.①C93–49

中国版本图书馆 CIP 数据核字(2015)第 253529 号

奥巴马的管理之道

著　者:崔智东

责任编辑:刘　峰

装帧设计:天下书装　　　　　　版式设计:通联图文

责任校对:唐思磊　　　　　　　责任印制:蔡　旭

出版发行:台海出版社

地　址:北京市朝阳区劲松南路 1 号，邮政编码:100021

电　话:010-64041652(发行,邮购)

传　真:010-84045799(总编室)

网　址:www.taimeng.org.cn/thcbs/default.htm

E-mail:thcbs@126.com

经　销:全国各地新华书店

印　刷:北京高岭印刷有限公司

本书如有破损、缺页、装订错误,请与本社联系调换

开　本:710mm×1000 mm　　　　1/16

字　数:200 千字　　　　　　　印　张:16

版　次:2016 年 4 月第 1 版　　　印　次:2016 年 4 月第 1 次印刷

书　号:ISBN 978-7-5168-0762-0

定　价:35.00 元

前 言 / Preface

　　美国第44任总统奥巴马,他就像是凭空出现的一颗耀眼的明星,一下子就照亮了当时时局混乱的政坛,给了美国民众信心和希望。很多人在谈论奥巴马的时候,总是充满了无限的敬意和称赞,他们觉得奥巴马完成了一个几乎不可能实现的梦想。

　　有人说,奥巴马的成功占尽了天时,那场金融风暴让他的变革理念更加深入人心;有人说,是网络的巨大力量帮他赢得了竞选资金和草根阶层的支持;有人说,从他身上,人们看到了"美国梦"的影子,所以愿意将选票给他;还有人说,妻子是他的秘密武器……我们当然知道,这其中的每一个因素都是他成功的原因之一,但我们更应该知道,古语有云:孤掌难鸣,独木难支。奥巴马,从"草根"到"总统"的传奇经历,主要归功于他背后的营销团队!

　　众所周知,奥巴马的智囊团是一支非常年轻的队伍,大部分成员都是80后。80后,这个被称为个性一代的新新人类是一群不折不扣的"个人主义者",面对如此一支"个性化"的新生力量,奥巴马是如何让团队中的所有人尽心尽力,为赢得大选拼尽全力的呢?

创建新团队，必须要先制定规则。奥巴马为其团队确立了正确的竞选战略以及人与人之间要互尊互重的原则。无论职位高低，保持对别人的尊重是首要守则；在遇到危机时要携手解决，而不是相互推卸责任，互相埋怨；明确整个竞选团队是为了服务于这个事业，为了共建"美国梦"，而不是为了私人野心。这种"大同"式的管理制度，在以"自由"与"民主"著称的美国特别受用，这是奥巴马吸引精英投其麾下的一个重要竞争优势。

所有前来投奔奥巴马的人都有各自不同的理由：他们有的是为了告别过去的生活，为全新的梦想起航；有的是推崇奥巴马的内部管理制度；有的是渴望见证奥巴马当选的这一历史时刻，充当历史见证者的角色……无论何种目的，他们的最终梦想始终归一，就是共创"美国梦"。

任何一个想要有所作为的团队都需要管理，奥巴马对团队的管理体现在他给了所有的团队成员一个对未来美好的期望，使所有人心往一块儿想、劲往一处使。管理的作用就像磁铁之于铁钉，没有管理这块"磁铁"，员工这些"铁钉"永远不会自动聚集在一起。

奥巴马是一位出色的领袖，通过本书，你能了解奥巴马走向成功的关键点，进而对自己如何走出职业困境、如何达到职业生涯巅峰、如何更成功地做人做事有一个更实际的认识。

在这过程中，我们要牢记奥巴马说的一句话："无论你在哪里出生，无论你的父母有没有钱，无论你有什么样的长相，无论你有什么样的信仰，你都能成为你想成为的人，你都能去做伟大的事情，追求你憧憬的幸福。"

目 录 / Contents

第一章

愿景管理,挖掘潜能的永动机

1.共同愿景,唤起团队的梦想

愿景是人们心中或脑海中所持有的意象或景象,共同愿景就是组织中人们所共同持有的意象或景象。它是使互不信任的人一起工作的第一步,能让团队成员产生一体感,并蔓延到组织各方面,使各种不同的活动融汇起来。简单地说,所谓共同愿景,就是"我们想要创造什么"的问题。

是什么吸引了无数精英纷纷投到奥巴马麾下?丰厚的待遇?入驻白宫谋个一官半职的许诺?都不是,是梦想使然。奥巴马向其团队展现出了一个美好的愿景,告诉所有人"不是为了某个人工作,而是为了自己的梦想而奋斗"。

在众多拥护者心中,奥巴马跨越了种族的藩篱,成为"美国梦"的最佳代表。《独立宣言》中讲过,美利坚合众国的建国信念是人人生而平等,但这种平等是权利与法律意义上的平等,与经济和文化优势无关。奥巴马似乎就是一个"美国梦"的实践者:出身卑微,黑人,通过努力跻身于一流大学深造,服务社区,从政,凭借优秀的口才、十足的个人魅力和远大的政治抱负步步高升,从一个被人忽视的黑人青年成长为万人瞩目的美国总统。也许对于看客来说,奥巴马的成功是个奇迹,但对他自己来说,他的崛起是必然。年幼的时候,他的父辈在他的心中就种下了一颗"美国梦"的种子。他说:"我父母深信,在这个宽容大度的合众国,一个奇怪的名字绝不会成为我未来成功的障碍。他们梦想着,有一天我能进入这块土地,上最好的学校接受教育,即使他们并不富有。他们深知,即使是贫穷的孩子,也能在这个宽容的美利坚国土上实现自己的理想。"

毕业于哥伦比亚大学的奥巴马并没有去华尔街寻找一份高薪工作,而是不走寻常路地投入到了芝加哥贫民社区,每天与最贫穷的黑人打交道,了解他们的疾苦,解决他们的疑难问题。在那里,属于他的"美国梦"逐渐萌芽并清晰起来。他是《哈佛法学评论》第一位黑人主编,也是当选参议员那年唯一的非裔参议员。在他还在做参议员的时候,他办公室的墙壁上依次挂着这些人的照片:亚伯拉罕·林肯、约翰·肯尼迪、马丁·路德·金和尼尔森·曼德拉。他们每一个都是英雄,每一个都有伟大的梦想。这是巴拉克·奥巴马力量的源泉,也是支持他、支撑他从默默无闻的黑人小子奋斗到美国总统的无穷动力。

共同愿景不是一个想法,甚至像"自由"这样一个重要的想法也算不上共同愿景。它是存在于人们心中的一股令人深受感召的力量,刚开始可能只是被一个想法激发,然而,一旦发展成感召一群人的力量时,它就不再是个抽象的东西，而成为人们眼中具体存在的东西。

在人类群体活动中，很少有像共同愿景这样能激发出这样强大感召力的力量。

斯巴达克斯在公元前71年领导了一群奴隶起义，他们两度击败了罗马大军，但在克拉斯将军长期包围攻击之下，最后还是被征服了。

在电影中，克拉斯告诉几千名斯巴达克斯部队的生还者说："你们曾经是奴隶，将来还是奴隶。但是罗马军队慈悲为怀，只要你们把斯巴达克斯交给我，就不会受到钉死在十字架上的刑罚。"在一段长时间的沉默之后，斯巴达克斯站起来说："我是斯巴达克斯。"然后，他旁边的人也站起来说："我才是斯巴达克斯。"下一个人站起来也说："不，我才是斯巴达克斯。"在一分钟之内，被俘军队里的每一个人都站了起来。

这个故事是否虚构并不重要，重要的是它带来了更深一层的启示。这个故事的关键情节在于，每一个站起来的人都选择受死，但这个部队所忠于的并不是斯巴达克斯个人，而是由斯巴达克斯所激发出来的共同愿景，即有朝一日可成为自由之身。这个愿景是如此让人难以抗拒，以至于没有人愿意放弃它。

在追求愿景的过程中，人们自然而然会产生勇气，去做任何为实现愿景所必须做的事。

20世纪60年代中期，在麻省理工学院的德雷普实验室里，发生了一个现代斯巴达克斯的故事。IK实验室是太空总署阿波罗登月计划惯性导航系统的主要承制者。计划执行数年后，该实验室的主持人才发现他们原先的设计规格是错误的。虽然这个发现令他们十分困窘，因为该计划已经投入了数百万美元，但他们并未草草提出权宜措施，反而请求太空总署放弃原计划,从头来过。他们所冒的风险不只是解约,还有他们的名誉,但他们没有别的选择。

他们这么做的唯一理由是基于一个简单的愿景:在十年内,把人类送上月球。为了实现这个共同愿景,他们义无反顾。

共同愿景会唤起人们的希望,特别是内生的共同愿景,使工作变成了追求一种蕴含在组织的产品或服务中的比工作本身更高的目的,例如:

苹果电脑使人们通过个人电脑来加速学习;

AT&T借由全球的电话服务让全世界互相通信;

福特制造大众买得起的汽车来提升出行的便利;

……

这种更高的目的,亦能深植于组织的文化或行事作风之中,被公司各个阶层的人真诚地分享,并凝聚这些人的能量,在极端不同的个体之中建立一体感,令人奋勇前进。

企业中的共同愿景会改变成员与组织间的关系。它不再是"他们的公司",而是"我们的公司"。

一个优秀的共同愿景,应该包含以下几个特点。

①每一个企业的愿景都具有不可复制的独特性。

②企业的愿景是崇高而伟大的,必须符合人类的根本利益。

③愿景是持久的。

④愿景与团队成员的个人目标必须具有普遍的一致性。

⑤愿景具有前瞻性和理想主义色彩。

2.强烈的激情为愿景保驾护航

所谓激情,就是要有一种面对困难,敢于克服;面对机遇,敢于挑战;面对艰险,敢于探索;面对落后,敢于奋起;面对竞争,敢于争先的勇气。激情不是一个空洞的名词,它是一种力量,是一种精神支柱。

在需要休息的时候,奥巴马经常会慢跑到林肯纪念堂,站在马丁·路德·金发表《我有一个梦想》演说的地方,看着国会山的圆顶闪闪发光,他的激动之情油然而生。

"在这么一个地方,我想到了美利坚合众国和建国功勋们,那些国家缔造者超脱于目光短浅的抱负和算计,憧憬建立一个横跨大陆的国家;那些与林肯和马丁·路德·金一样的仁人志士将毕生的精力献给了祖国的未竟事业;以及那些默默无闻的人们,奴隶和士兵、裁缝和屠夫,他们用一双双布满老茧的手,搬起一块块砖瓦,修起一条条铁轨,为自己和子孙后代建构了充实的生活,在祖国的大地上谱写我们共同的理想。这是我向往并将为之献身的事业。"

奥巴马在伊利诺伊州就有了为祖国解决"家庭纠纷"的愿望,在国会山,这种愿望得到了进一步的强化。他认为,要弥合这个裂缝,就必须和美国人民交流,倾听他们的声音,帮助渴望公平竞争的他们重新振作起来。这样,不仅国家的政治,甚至国家的政策也会得到很大的改观。

如果成为美国总统,就可以将选民的心声贯彻到国家的政策中,就可以施展自己的抱负,实现林肯、肯尼迪以及一切先贤们的愿望。这就是奥巴马的激情所在。

心想才能事成，如果我们连想要成功的激情都没有，又怎么能够获得成功呢？当我们把想要成功的激情和毅力以及实践精神结合在一起的时候，激情就能产生强大无比的力量。

激情让人相信任何事情都有解决的办法，关键在于你的对策是否切实、有效、具有针对性。激情促使人们想方设法找到问题的症结，寻求对症下药的良方，让困难在自己面前低头。面对同样的问题，有激情的勇者想的是如何设法化解、战胜；缺乏激情的弱者想的则是如何一停二看三逃避。一样的难题，一样的挑战，却有不同的态度，不仅表现出不同的思想境界，也必然会带来不同的发展局面和后果。

美国成功学大师拿破仑·希尔认为，激情是一种意识状态，能够鼓舞和激励一个人对手中的工作采取行动。有一天晚上，他工作了一整夜，因为太专注，觉得一夜仿佛只是一个小时，一眨眼就过去了。之后，他又继续工作了一天一夜，这期间除了停下来吃点清淡食物外，他未曾休息过。如果不是对工作充满激情，他不可能连续工作一天两夜而丝毫不觉得疲倦。因此，激情并不是一个空洞的名词，它是一种重要的力量。

每次拿破仑·希尔在评价一个人的时候，除了考虑他的能力、才干之外，还非常看重他的激情，因为人有了激情，才会有无限的精力。可以说，激情就是成功的源泉，你的毅力、追求成功的激情越强烈，那么成功的概率就越大。

任正非认为，将企业保持激活状态非常重要。华为走到今天，靠的就是这种奋斗精神和内部永远处于激活状态的机制。

对组织而言，一方面，华为不断通过文化建设、激励机制、危机意识使员工始终处于激活状态；另一方面，华为公司通过几次大动作较好地解决了沉淀层的退出问题，比如在华为文化中占有重要地位的10多年前的市场部集体大辞职，2001年左右的内部创业风潮，直至2008年的7000名员工大辞职,其实都是一脉相承的,每次间隔5~6年,每次都是大动作。

员工张建宁于2000年9月入职华为公司,被分配到无线技术支持部的第一线,从事GMSC35新产品的技术支持工作。从此,现场开局、现场割接支持、远程支持问题处理工作成了他生活的主旋律。2001年7月,实施中国移动GSM目标网全网升级项目,为了组织全网项目实施以及做好远程支持工作,张建宁一个月有近20天在公司加班过夜。就这样,两年时间内,他现场支持了40多个重大工程项目的割接,个人也得以快速成长,积累了扎实的专业知识和丰富经验。2003年,张建宁成为无线产品二线技术支持工程师、国内GSMNSS产品责任人。2004年10月,由于中国移动软交换长途汇接网公司特级重大项目的需要,张建宁被调入北京分部,作为移动软交换长途汇接网项目的技术总负责人。就这样,张建宁从一名普通的一线技术员成长为了华为的技术专家。

爱默生说:"一个人,当他全身心地投入到自己的工作之中,并取得成绩时,他将是快乐而放松的。但是,如果情况相反,他的生活则平凡无奇,且有可能不得安宁。"

当一个人对自己的工作充满激情的时候,他会全身心投入到自己的工作中,这时,他的自发性、创造性、专注精神等都会在工作的过程中表现出来。

一个对自己的工作充满激情的人,无论在哪里工作,都会认为自己所从事的工作是世界上最神圣、最崇高的职业;无论工作的困难多么大,或是标准要求多么高,他都会始终如一、不焦不躁地去完成它。

有激情就能够受到鼓舞,反过来,所受鼓舞又会为激情提供能量。只有当你赋予自己的工作以重要性的时候,激情才会应时而生。即使你的工作不那么充满乐趣,但只要你善于从中寻找意义,激情就会随之而来。

3.阶段性目标是愿景的表达

目标是愿景的表达,"要什么"从来就比"怎样做"更为重要。但目标不是愿景,目标要更加具体,而且有时限。它既有欲望的感情牵动因素,同时也有自己做主,不让自己从散漫中游移的因素。

奥巴马说过:"人们总是希望开好车、穿好衣服、住好房子,却不愿意为之付出艰辛。我知道努力和奋斗的意义,而梦想就是通过一步步的努力和奋斗来实现的。"

奥巴马成为《哈佛法学评论》的总编后,很多大的律师事务所和司法机构主动找他,希望他能够加入他们的部门工作,而且薪水非常高。然而,奥巴马不为所动,他决意回到芝加哥去工作,因为他已经一步一步地规划好了自己的未来,并且,他对自己未来应走的道路非常坚定。

他知道伟大的梦想不是一下子就可以实现的,必须脚踏实地、一步一个脚印地往前走。他曾经做过一段时间的社区工作,回到芝加哥后,他又回到了社区,做了6个月的选民登记工作。1992年,他忙于律师事务所的工作,并在芝加哥大学法学院担任宪法学讲师。

后来,他非常认真地参选了州参议员,直到2004年,他成功当选国会议员后,才正式辞去芝加哥大学讲师的职位。他分割了他的梦想,在每一个小梦想的道路上,他都付出了极大的激情和艰辛。每实现一个梦想之后,他便着手准备去实现下一个梦想。

奥巴马成为总统的时候确实非常年轻,但他并非像外界所说的那样没有经验,因为他的目标清楚、规划合理,每一步都走得非常踏实。就这样,从社区工作开始,他一步步地走上了总统的宝座。

要想一下子从一楼爬到100楼,大部分人都很难坚持下来,但是,如果把100层楼分割成100个一层楼,将每层楼当作一个小目标去完成,那么爬到100楼的大目标就能在实现一个个小目标的过程中顺利达成。

聪明的管理者不会把愿景变成一个虚无的妄想,而是会把梦想分割成一个个触手可及的目标,并切实地去执行。

人们大都容易对非常遥远的目标失去信心,领导者提出一个愿景,如果目标很远大,长期实现不了,人们就会产生挫败感。因此,大愿景应该有阶段性,明确一段时间内要实现什么样的具体目标。在不断实现阶段性目标的过程中,人们会产生成就感,这种成就感会进一步推动人们为实现最终的愿景而努力奋斗。

比如,有的企业家提出:我们5年后将进入世界500强,每个人进入世界500强以后的资产会是多少。但是,企业家说完了以后并没有把进入500强的目标放到战略里,也没有在考核指标里体现出来。

领导者应该对目标进行年度分解:第1年完成目标是多少?大家的收入应该怎么涨?然后是第2年、第3年、第4年、第5年,阶段性目标不断实现,这样,最终愿景才有可能达成。

实施愿景管理必须目标体系健全、发展前景广阔。没有这一前提,就无法描绘画面,也无法给员工提供想象空间,愿景管理只能落空。

比如在苹果公司,每位员工都狂热地喜爱着自己的工作,因为他们知道,自己所从事的工作是独一无二的,有着极大的社会价值,这正是乔布斯为苹果员工们树立的愿景目标。

梳理企业愿景目标通常是人力资源部门的事,但也需要企划人员参与,共同合作。对企业目标大多从三个时段进行梳理:一是企业近期目标;二是企业中期目标;三是企业长期目标。对每个时段企业发展的重点项目、发展规模都进行画面描绘,对绘好的画面先在小范围内征求意见,完善补充,使之更加生动形象、具体可感,让人触手可及最好。

企业愿景绘制工作完成后,要找一间光线充足、有一定活动空间的屋子展示全部画面,组织全体员工分期分批参观。人力资源部门要选派了解企业、热爱企业的员工,饱含深情、绘声绘色地讲解。企业负责员工发展管理的负责人最好能够亲临现场答疑,这样能够充分唤起员工的激情和想象,让每个员工围绕企业未来的美好前景想象自己未来的位置和角色。

4.让员工对未来充满希望

奥巴马将美国的政治看得一清二楚,他也知道这个国家权力最大的是美国人民,所以,他没有采取和对手一样的主打富人的政策,而是牢牢地将筹码放在了普通百姓身上。"为人民服务、给人民希望"的做事宗旨在他身上得到了鲜明体现。麦凯恩等人虽然有众多美国上流社会人群的支持,但富人再多也是少数。所以,奥巴马从一开始的定位就取得了先机,最终成就了自己远大的梦想。

一直以来,奥巴马与竞争对手最大的不同就是他的身份以及政策制定上的具体条款。奥巴马一上台就打起了"民生牌",他把自己定位为最需要维护的"兄弟姐妹的守护神"。在他眼里,穷困的人永远最重要,他们是这个国家的中坚与支柱,有些甚至代表了国家的历史和将来。所以,无论什么时候,奥巴马总会明确表示,低收入水平的人才是最需要关照的人。他在演讲中也多次提到了这一群体的故事,以及为使他们生活得更美好而做出的努力和决心。他说他们可能生活得异常艰难,似乎没有希望,但只要努力改变,就一定能发展得更好,他有信心让贫困的人过上美好的生活。

　　奥巴马在演讲中呼吁大家成为消除美国贫困现象的"英雄",让每个希望得到工作的人都可以获得一份心满意足的工作。他们可以通过每月的工资给孩子提供良好的照顾和给养,为他们营造一个舒适的环境玩耍和生活。他高声疾呼人们应该关注美国亟待解决的医疗危机,避免浪费,加强疾病预防,为慢性病患者提供更多治疗的同时利用先进技术减少行政开支。奥巴马让自己的宣言穿越每个普通民众的心,并掷地有声地宣布,如果他能当选新一届总统,他会让每一个人都享受到他应该得到的医疗福利。

　　此外,他还提到会竭力让美国摆脱对他国石油的依赖,重塑能源大国形象,用新的可再生、低消耗的新能源代替高污染的石油。他说美国会在新一代美国人的带领下重新站立起来,他们会将危机转化为机遇,增加就业机会,刺激商业,同时向世界宣告:美国依然那么强大,它又回来了。

　　当然,奥巴马并没有忘记美国永远无法抹去的一个伤痛,这也是美国人民无法忘记的伤痛。

　　"最重要的是,让我们永远牢记那个9月11日所发生的一切,以我们所有的力量来对抗恐怖分子。政治已经无法在这个问题上将我们分化——我们可以共同行动来保卫国家的安全。我与共和党参议员迪克·鲁格合作通过了一项法案,确保销毁世界上某些最致命、没有防护的武器。我们可以通过共同努力依靠一支更强大的军队来追踪恐怖分子,紧缩他们的金融网,我们还可以改善我们情报机关的效率。但我们还需要明白,我们最终的胜利还在于重建我们的联盟,将那些信念和价值输出到国外,为世界上成千上万的人们带去希望和机遇。"

　　奥巴马说:"希望不是盲目的乐观主义,希望不是忽视未来的艰巨任务或横亘在我们前行道路上的障碍，希望不是置身事外或从拼斗中退缩。"

在企业管理中也是如此。聪明的领导者懂得在了解员工需求和价值观的基础上，通过物质或精神的一系列管理手段让员工对未来充满希望，从而达到激励和保留员工的目的。

克劳塞维茨在《战争论》中写道："(将领)要在茫茫的黑夜中发出生命的微光，带领着队伍走向胜利。"战争打到胜负难分的时候，将领的作用是什么？就是要在看不清的茫茫黑夜中，用自己发出的微光燃起士兵们的希望，激发他们的斗志、鼓舞他们的精神，直到最终获得胜利。因此，给员工以希望，是管理能力的重要体现，管理者责无旁贷。

那么，如何给员工希望呢？

有一家私营企业，其员工离职率特别高。公司的老板事业心非常强，经常工作到晚上9点以后。他加班，他的下属职员也要加班。但是，除了同样的工作狂外，有多少人愿意加班呢？就为了那点加班费吗？虽然很不情愿，但大多数员工都敢怒不敢言，因为他们老总有句话："我这做老板的都可以加班，你们有什么不可以的？"

按照这位老板的理解，加班工作是为员工好，他们可以做更多的事情，可以获得更高的职位，拿更多的薪水，为他们所爱的人提供更好的生活。其实，他的想法也没错，尤其是对那些希望开创自己事业的人来说。但问题在于，并不是每个人都希望成为企业家，也并不是每个人都把金钱和地位作为衡量自己是否成功的标准。

有一位员工说："我太忙了，从早忙到晚。早上出门的时候，家人还没有醒;回家了，家人又都睡觉了。就是偶尔有时间和他们在一起，也是满脸的官司，还很可能随时被老总叫去加班。对于现在的我来说，有没有家都一样，我根本没有多少时间留给家人。"

优秀的领导者会从价值观的层面来解决问题行为,而不会只是单纯地挑战行为。他们会在承认每个人的行动都具有正确意图的情况下,审视他的行动,也会同时审视他的信念及价值观,然后同当事人一起找出符合意图的其他更令人满意的方式和行为。

很显然,上述这家企业的问题就在于此。企业的愿景(或者说老板的希望)和职员的希望并没有形成交叉,而老板又用自己的希望去等价了职工的希望。

举个例子来讲,假如你非常饿,你正在四处寻找一家餐馆想大吃一顿。这时,你听见有人在那里吹奏一支银笛,乐曲是那么悠扬、动听,你会怎么做?这就要看你的价值取向了。如果你是一个古典音乐迷,你一定会停下脚步去仔细聆听他的吹奏;如果你只是一个音乐迷,但你喜欢的是摇滚乐,你可能只是站一下,听他吹得不是摇滚乐,便继续去寻找餐馆;如果你不喜欢音乐,可能你根本就不会注意到有人在那里吹奏乐曲。这就是差别,也正是这种差别使得这件事发生在不同的人身上会有不一样的结果。

每个人的行为和动机都不一样,你富足阔绰,但你不见得有我这般悠然自得;你位高权重,但你不见得有我这般逍遥快活。个人有个人的生活,因此,不要替别人想得太多,也不要用你的思维去界定别人的行为。要知道,价值取向、信念以及角色不同的人,对生活的希望也是不同的。

一个成功的领导者懂得通过认可并注意下属的希望观来诱导、激励下属,把组织的希望同下属的希望相结合,再实现组织目标的同时也能实现下属的个人目标。

想要了解下属的希望,下面几个问题可以帮你——

你要什么?

你对自己的工作最看重的是什么? 如果去除了它,你的工作满足感会大幅下降吗?（过程）

这价值能为你带来什么？（最终目标）

你必须相信什么才会重视以上的项目？（信念）

你是在什么时间、地点、事件下才认识到你的希望实现了？（希望实现原则）

5.严格的自律精神,造就更高的目标

很多时候,自我控制意味着更强的激励:一种要做得最好而不是敷衍了事的愿望。它意味着更高的成就目标和更广阔的眼界,它迫使管理者对自己提出高要求,管理者需要严格的自律精神来执行。

奥巴马曾经抱着为国家和社会做点什么的态度参加了社区工作。当朋友问他:"社区工作到底是什么?"他简单扼要地回答:"我的工作就是改变,我要把草根阶层的黑人组织起来,改变他们,并让他们改变一些事情。"朋友听了之后,发自内心地赞扬他,但没有人和他选择一样的道路。奥巴马就这么孤独地坚持着,尽管薪水低、工作辛苦,但他依然坚持着。

其实,早在奥巴马来到纽约的时候,他就已经找到了自己人生的方向,尽管那个时候他的方向还没有一个详尽的计划。

萨迪克在纽约见到奥巴马后,问奥巴马来纽约的原因。奥巴马回答他,自己要弥补荒唐的青年时代所犯下的错误,想要造福社会。

萨迪克听后,以一种长者的姿态打量着奥巴马:"亲爱的朋友,所有刚来纽约的人大都抱着跟你一样拯救世界、造福社会的理想,但是很可惜,这个城市的土壤不适合理想扎根,所有崇高的情感都被腐蚀掉了。你看看这个灯红酒绿的世界,弱肉强食,适者生存,这才是都市丛林的规则。当然,如果你是个例外,我将无比敬佩你。"

在接下来的时间里,奥巴马并没有被这个城市同化,他过着僧侣一般的生活,每天坚持跑步锻炼身体,并在每周日进行斋戒,把所有精力都用在了学习和反思上,偶尔写一些小诗……他默默地坚持着自己的梦想,让自己汲取精神养料,并逐步成长。见到这番情况,萨迪克终于忍不住对他说:"你真是个讨厌的家伙。"

冯仑说过:"伟大在于管理自己而不是领导别人。"人们不希望被管理,但可以被影响。只有先把自己管理好了,领导者所有的管理行为才能产生效果,才能在下属那里发生影响。

所以,管理产生效果的关键是自我管理。企业家要有严格的自律精神,才能带领企业完成更高的目标。

有一家广告公司,公司规定早上9点上班,可每天都有大量员工迟到,按时出勤率不到30%。为了解决这个问题,老板采取了很多手段:点名、打卡、签到、指纹机、门禁卡……但都收效甚微。

在和一位朋友聊天的时候,老板说起了这个让他头疼的问题。

朋友问他:"你一般什么时候到?"

"做广告经常加班,我经常早上也去不了公司。"

朋友问:"你为什么觉得你可以不去?"

"我是老板呀,我当初会选择创业,就是因为想不受人管。"

朋友问:"你觉得员工喜欢被这样管吗?"

"可能也不喜欢吧,但总不能全公司都迟到吧?"

朋友问:"那你打算怎么办?"

"找找有没有更好的设备,或者是不是要罚得更重一些?"

朋友问:"你觉得重罚效果会好吗?"

"其实也不行,罚太重员工会流失,我又不敢真罚。"

朋友想了想说:"假如你每天早上都按时到,会不会好一点儿呢?"

对于这个建议,老板有点迟疑。这时,朋友继续说:"你能不能试一次,连续两个月,每天坚持按时上班,不找任何理由迟到?"

后来,老板听从了朋友的建议,开始每天按时上班。这样坚持了不到10天,公司的按时出勤率就达到了96%,而且没有用任何措施和工具去强迫他们。

管理者首先要约束自己,然后才能去影响他人。管理工作在很大程度上是要身体力行的,如果管理者不懂得如何在自己的工作中做到自律,就会给其他人树立错误的榜样。

要知道,世上没有免费的午餐,培养起自律能力能使管理者从软弱无力的受诱惑状态中解脱出来,恢复自控力,重新主宰自己的命运。管理者的自律能力越高,越能从容面对种种诱惑。

奥巴马是一位伟大的领袖,他的故事告诉我们,无论一位领袖有多么过人的天赋,若不能自律,是绝不可能把自己的潜能发挥到极致的。自律能力能够帮助领袖攀向高峰,同时,它也是使领导能力得以卓有成效地维持的关键所在。

如果想使自律成为你的资产,以下的行动值得一试。

(1)制定出你做事的优先顺序,然后按这个顺序去做

如果一个人只看自己的心情和一时的方便行事,那是肯定不会成功的,更不要说让别人尊重并跟随他了。有人说:"完成重要任务有两项不可缺少的伙伴:一是计划,二是不太够用的时间。"作为一位领袖,你的时间相当紧凑,所以免不了要做计划。如果你能够明确何者最为重要,刻意从其他的事情中抽身出来,这会让你有足够的精力去完成首要的任务。

这正是自律的基本精神所在。

(2)把自律的生活方式当成目标

向奥巴马这类高度自律的成功人士学习,你会发现自律不能只是偶尔为之,它必须成为你的生活方式。培养自律最佳的方式是为自己制定系统及常规,特别是在你视为重要的需要长期的成长及追求成功的指标项目上。

(3)向你的借口挑战

如果想培养自律的生活方式,首要的功课之一就是破除找借口的陋习。正如法国古典文学作家佛朗哥所说:"我们所犯的过错,几乎都比用来掩饰的方法更值得原谅。"如果你有几个令你无法自律的理由,那么,你要认清它们只不过是一堆借口罢了。如果你想成为更有成效的领袖,就必须向你的借口提出挑战。

(4)把目光注视在结果上

无论什么时候,只要你把注意力放到工作难度本身上,而不考虑结果和奖赏,就很容易灰心丧气;如果沉浸于其中太久,就会养成自怜的毛病。因此,下次当你再面对一件不得不做的任务,心中开始企图抄捷径而不按规矩踏踏实实去完成时,切记:要打消自己这样的想法,把目光转回到目标上,认真权衡按部就班的好处,花工夫彻底做好它。

6.让"带着目的做事"成为习惯

获得成功,其实就是实现自己的人生目标(包括小目标或大目标、短期目标或长期目标)的全过程。如果人生没有值得为之奋斗的目标,我们就会陷入下面这种恶性循环的生活方式中:早上起床—为了去上班—为了赚取生活费—为了活着—为了明天能起床上班—为了赚取生活费……如此一来,人生将会变得乏味至极。因此,我们要实现自己的梦想,就应该让带着目的做事成为自己的习惯。

如果非要指出奥巴马做事的最大目的和动机,非他的"美国梦"莫属。他做每一件事、思考每一个问题都会想:我这样做对我的目的有害还是有利?如果换一种方式,对梦想的实现是不是更好?带着目的做事是奥巴马一个显著的特点。时时思考自己前进的方向和最终目的地,不仅是对自己的鼓励和鞭策,同时还能时时提醒自己不要走错路、走弯路,要将全部力量放到为终极目标奋斗这件事上。

奥巴马曾说,一旦拥有了梦想,就会时时刻刻将它捆绑在身上,一刻也不与它分开。梦想对于他就像吃饭、睡觉一样重要,没有它的指引,所有事情都会没有目标和方向。奥巴马生命历程的几次大跨越都带有明显的"美国梦"的痕迹。州议员、参议员、美国总统,每一次的改变都是为了最后梦想的实现。奥巴马正是凭借这种带着目的做事的态度,一步步实现了自己的飞跃和提升。人们也在这种精神中看到一个一往无前、非同凡响的奥巴马,所有人都被他感动、感染、鼓舞,认为这种精神和办事态度可以将自己带向成功。奥巴马也因此得到了广大民众的支持,在欢呼和喝彩声中展现自己的实力,亮出自己。

设定清晰的目标不是一个被动的行为,它不会自动发生,你必须采取有意识的行动才能做到。每件事都很肯定,没有什么是模糊的,你不是正向目标前进,就是离它越来越远。奥巴马正是因为有"美国梦"的鞭策,做事的时候才会像一支离弦的箭一样准确、迅速。

对于每个普通人来说,要想实现自己的梦想,就要时时将梦想放在心上,每时每刻都记得为它努力,这是奋斗过程中不能缺少的一环。而且从某种意义上讲,人是为了达到某种目的而活着的。一个人达到自己目的的过程就是一个不断追求目标的过程。而人的大脑和神经系统从其功能上来讲,是一个奇异而又复杂的追求目标的系统,这个系统始终引导着人们去寻求目标、实现目标。

(1)清楚的目标是根本

清楚的目标和目的是任何事业成功的根本。如果你不花时间弄清自己设法想要完成的究竟是什么,那你就注定永远只能把生命耗费在那些别人也在做的事情上。生活如果没有清楚的方向,你要么漫无目的地兜圈子,要么就经营一份连自己都不喜欢的事业。你也许能赚些钱,做些有趣的工作,但最后的结果绝不会等同于你有意识地决定后才创办事业所能得到的成就。最终你会沮丧,也许你在哪里上错了道。

如果设定目标如此重要,那么,为什么肯花时间来确定自己想去哪里的人却如此之少呢?

部分原因是人们缺乏如何设立清晰目标的知识。你可能上过许多年学,却从来不曾接受过如何设定目标的任何指导,人们也普遍缺乏对建立清晰目标的重要性的理解。而那些确实了解自己想要什么的人,在很大程度上比其他人做得要好得多。

阻碍设定目标的一个常见原因是害怕犯错。但实际上,无论设定的目标是什么,都比漫无目的地到处漂泊要好。如果你不知道自己正往哪里去,那度过的每一天都会是个错误,你很可能浪费了大量时间去追求别人的目标。被你资助的那些当地的快餐店、电视广告和公司股东对此可都窃喜不已呢。

(2)定义一个二元的目标

很多人认为,一旦他们有了方向,就等于有了目标。事实并非如此,"赚更多钱"和"开创一项事业"不能算目标。

目标是一种明确地、清晰地定义了的可测量的陈述。方向与目标的区别，正如指南针所指的东北方与法国埃菲尔铁塔的最高点之间的区别。一个只不过是方向，另一个却是明确的位置。

目标的一个重要方面是，它们必须是以二元定义的。在任何时刻，如果问你是否达成了你的目标，你必须能够给出一个确定的"是"或"否"的回答，"可能"不能成为选项。

关于清晰的目标的一个例子就是：你今年6月份的总收入是3万元或更多？这是你可以计算清楚的，然后在月底，你就能对是否达成了目标给出确切的"是"或"否"的答案。这就是构成一个目标所需要的清晰的层次，如此，你的头脑才能锁定其上，并快速前进。

(3)细节化

设定目标时应尽可能细节化，定下明确的数字、日期和时间，确保每个目标都是可测量的，要么达成了，要么没达成。定义你的目标，就好像你已经知道将会发生什么一样。有人说，预测未来的最好方法就是创造它。

(4)把目标写下来

目标必须用一种积极的、现在时的、个人肯定的形式写下来。一个没写下来的目标不过是个白日梦而已。

要为你想要的事物设定目标，而不是那些你不想要的。你的潜意识只有在目标以积极形式被定义时才会锁定其上。如果你把注意力集中在你不想要的东西上，你很可能会被你想逃避的事物给纠缠住。

表达你的目标，就好像它们已经达成了一样。不说"我今年要存20万"，而用现在时表达："我今年存了20万。"如果你用将来时表达目标，就等于告诉自己的潜意识要把成果永远留在将来，而不是掌握在现在。

构建目标时要避免模糊不清的词语，比如"可能""应该""可以""会""也许"或"或许"之类，这些词本身就包含了对于你是否能达成所追求的东西的怀疑。

最后，要让你的目标个性化。你不能为别人设立目标，比如这样："年底会有出版商再版我的书。"而要用这样的方式来表达:"我今年跟北京一家出版商签了一份在年底至少能挣5万元的合同。"

7.给自己正确的职业定位

奥巴马能够在政治道路上走到顶点,缘于他给自己的准确定位。

小时候,奥巴马的母亲经常给他讲述黑人英雄的故事,他听得异常兴奋;在学校里,他"惩奸除恶,帮助弱小",显示了自己的正义感,并且是老师的好帮手,其领导、组织以及管理能力都得到了一定的体现;后来,当所有的朋友都确定了要去研究所工作的目标时,他的脑子里经常浮现出类似于"黑人历史月"期间每周二人权运动的场景……所以,他适合走上政治道路,去为整个国家和社会做点儿什么。

1983年,从哥伦比亚大学毕业的奥巴马放弃了高薪工作,选择成为一名社区工作者。在黑人社区里,奥巴马很明白自己的处境,他虽然是在白人社区长大的,却是个不折不扣的黑人。在当时的美国,一名黑人想被白人接受并进入主流社会是非常困难的,而奥巴马给自己找准了定位——美国式的黑人,并为融入黑人社区做了很多努力。他给那些经济上、心理上处于痛苦状况的底层黑人进行辅导和安慰,并且,他充分调查民情,把政府有限的财力尽可能最大化地用来扶持民众生活。

事实证明,他具有从事社区组织工作的天赋,并且,这段经历为他后来的成功带来了很大的帮助。

给自己准确定位是奥巴马在人生道路上连获成功的秘诀。

在哈佛期间,他让自己做了一个中间派。他知道:社会是由不同利益的人群组成的,你永远不可能满足所有人的利益。如果你让一部分人非常满意,那么另一部分人就会非常不满意。如果让各方都得到一定程度的满意,不是完全满足,只是让大家尽量接受,尽管还有人不满意,但至少不会触犯任何一方的底线。正是因为把自己定义成了一个中间派,他才走上了《哈佛法学评论》总编辑的位置。

任何一个想要成功、想得到他人认可与接纳的人都要像奥巴马一样,在事业的最初阶段给自己一个准确的定位。只有定位准确,与自己的能力、身份相符合,将来的奋斗之路才能相对顺畅,才能尽可能地获得更多人的支持。如果定位有失偏颇,没有想明白为哪个人群、哪件事情服务与奋斗,未来的努力很可能"竹篮打水一场空"。所以,梦想很重要,但确立梦想的同时也要把握好定位,只有这样,梦想才能顺利起航,成功才会在某一天降临到你头上。

当代著名的精神病专家威廉·孟宁吉博士在第二次世界大战期间曾主持过陆军精神病治疗工作。他说:"在军队中,我发现了挑选和布置的重要性,即让适当的人去做适当的事的重要性,以及使人相信自己工作的重要性。一个对自己的工作毫无兴趣的人,会认为自己被安排在一个错误的职位上,他会感觉到自己怀才不遇,并由此导致情绪低落。在这种情况下,即使没有患上精神病,也会留下精神病的隐患。"

人生在世,每个人都有自己的位置,准确的定位可以让我们少走许多弯路,免遭很多不必要的挫折。工作中,人们从中取得的成绩与乐趣并不在于工作本身,而取决于是否给了自己一个准确的定位,进而用什么样的态度去实现这个目标。

年轻的时候,我们可以投石问路,但也不能一直都在投石。我们需要及早给自己准确定位,定位好了,才能努力、果断地继续前行。如何定位呢?你先要问自己几个问题:我喜欢做什么?也就是自己的兴趣是什么。我能够做什么?包括自己的擅长和潜能。我必须做什么?这是自己别无选择的部分,也许你不感兴趣,但你必须做而且要做好。

我们需要做的是选择自己感兴趣和擅长的,做自己能够做好和必须做的。如果有可能的话,可以对自己的性格和能力做一些测试。

一个人只有做着自己喜欢的、擅长的事情,才容易达到那种专注的、忘我的境界。也就是说,定位是以天赋、爱好、兴趣为基准的。当一个人仅仅将自己的工作当作谋生的手段甚至视之为一份苦差时,灵感、创意还会产生吗?你让篮球巨星乔丹去游泳,让拳王泰森去参加长跑比赛,让歌王刘欢去做建筑,让文学巨匠鲁迅去弹钢琴,你说会是什么样的结果?

所谓定位,说到底,其实就是一个选择与放弃的问题。学会选择需要敏锐的眼光和清晰的认识,学会放弃则需要彻悟的智慧和割舍的勇气。善于选择,勇于放弃,就能清除干扰,为自己的定位找到正确的方向。

每一个人都要把职业定位放在决定人生成败的重要位置上。一个人事业发展的高度在一定程度上决定了其在社会上的生存地位,所以,职业定位关乎一个人一生的前途。但也要注意,有的人在给自己定位时,常以赚多少钱、做多大官作为标准,为此,他们苦苦钻营、疲于奔命。在为金钱患得患失、为权力勾心斗角之时,他们失去了太多的东西。所以,事业上的定位固然不可缺少,但不应是生活的全部,在给自己的事业定位之前,首先要给自己的生活状态一个正确的定位。

另外,不要忘记做到高点定位与低点起步相结合。所谓高点定位,也就是在为自己定位时把位置适当调高,这样可以增强自信,提高生存层次。但不要走向极端,以致好高骛远,要在充分了解自身、了解现实的基础上,做到低点起步。

第二章

人才管理,成功离不开卓越的团队

1.善于运用团队的力量

真正的管理者不是让自己事必躬亲地做每一件事情,也不是让自己对每一件事情的每一个环节都有独到的了解,而是善用团队的力量。善用团队力量的人,不用太过辛苦工作就能完成非常困难的事情,因为他可以把那些棘手的工作分成不同环节,让不同的人才去完成。

奥巴马就非常善于运用团队的力量。

奥巴马创造了多项奇迹:他是第一位非洲裔总统;他在竞选中创造了最高的筹款纪录,他募得的竞选经费几乎是2004年布什和克里两位候选人募得的总和，美国乃至世界媒体都惊叹他的超级人气和吸金能力；2008年，明确表示支持奥巴马的报纸也达到了历史之最。据媒体统计，2004年美国总统大选时，民主党总统候选人克里得到了128家报纸的支持，共和党候选人布什只有105家；而在2008年，大选前，奥巴马已得到231家美国报纸的公开支持……

奇迹不是等来的，奥巴马的竞选团队和支持者组织了很多志愿者进行宣传活动。就像他自己说的那样："竞选活动的声势也来自那些已经不再年轻的人们，他们冒着严寒酷暑敲开陌生人的家门进行竞选活动。竞选声势也源自数百万的美国民众，他们充当志愿者和组织者……"他的奇迹出现是因为那些支持者们从自己微薄的积蓄中捐出了5美元、10美元、20美元……这样一点一滴缔造的。

作为企业的一分子，一名优秀的员工能自觉地找到自己在团队中的位置，自觉地服从团体运作的需要，把团体的成功看作发挥个人才能的目标。他不是一个自以为是、好出风头的孤胆英雄，而是一个充满合作激情、能够克制自我、与同事共创辉煌的人。因为他明白，离开了团队，他将一事无成；而有了团队合作，他可以与别人一同创造奇迹。

蒋志国是一家营销公司的优秀营销员，他那个部门的团队协作的精神十分出众，因此，每个人的业绩都特别突出。但后来，这种和谐而又融洽的合作氛围被蒋志国破坏了。

前一段时间，公司的高层把一项重要的项目安排给蒋志国所在的部门，蒋志国的主管反复斟酌考虑，犹豫不决，始终无法拿出一个可行的工作方案。而蒋志国则认为自己对这个项目有十分周详而又容易操作的方案。为了表现自己，他没有与主管商量，更没有向他提出自己的方案，而是越过他，直接向总经理说明自己愿意承担这个项目，并向他提出了可行性方案。

他的这种做法严重地伤害了部门经理的感情,破坏了团队精神。结果,当总经理安排他与部门经理共同操作这个项目时,两个人在工作上不能达成一致意见,产生了重大分歧,导致团队内部出现分裂,团队精神涣散,项目最终也在他们手中流产了。

一个团队之所以伟大,并不是因为某个成员伟大,而是因为他们是一个集体。正如海尔的首席执行官张瑞敏说的:"就单个员工而言,海尔员工并不比其他企业员工优秀,但能力互补、具有良好团队合作精神的'海尔团队'的确是无坚不摧的。"

在现代社会,团队的力量远远大于一个个单独的优秀人才的力量。在当今世界,任何具有重大意义的科学研究、理论探索、技术工程等,都不是凭借个人单枪匹马的奋斗完成的。

秋去春归的大雁在飞行时总是结队为伴,队形一会儿呈"一"字,一会儿呈"人"字,一会儿又呈"V"字,它们为什么要编队飞行呢?

原来,编队飞行能产生一种空气动力学的节能效应。一群由25只编成"V"字队形飞行的大雁团队,能比具有同样能量但单独飞行的大雁多飞70%的路程。也就是说,编队飞行的大雁能飞得更远。

当大雁向下扑翅膀时,在它的翼尖附近会产生一种上升流,每一只在编队中飞行的大雁都能利用到邻近它的另一只大雁所产生的这股上升流,因此,大雁只需消耗较少的能量就能飞翔。大雁的这种行为并不是出于它们对这种上升流的理解,而是感觉到这样飞行时不太费力,只需要调整它们的飞行姿势就行了。

以水平线形飞行的大雁也可获得这种邻近升力,但以这种方式飞行时,中间的那只雁要比排列在任何一侧飞行的大雁获得更大的上升助力。而在"V"字形编队中,这种升力的分布相当均匀,虽然领头的大雁所受到的空气摩擦力要比后面的那些大雁大,但这一点由排在两侧飞行的大雁所产生的上升流弥补。排在"V"字形队末飞行的大雁只能从一侧获得这种上升流,那它消耗的能量是否多些?并不是这样,因为其他的大雁都在它的前面飞行,所以这种来自一侧的上升流是相当强的,而且大雁的这种"V"字形编队不需要绝对的对称也能具有这种升力特性,即排列在一侧的大雁可以比另一侧多一些。

一滴水是微不足道的,整个大海却是无限的;一个人的力量是有限的,集体的力量却是巨大的。真正的成功来自和谐的团队,只有企业中的整个员工队伍紧密团结起来,才能产生巨大的力量和智慧,并最终走向胜利。

"一将功成万骨枯",自古以来,任何一个伟大英雄的诞生,莫不是由背后无数位有名或无名的战友的付出来成就的。战场如此,商场如此,职场也是如此。在今天的企业界,靠个人单打独斗已经很难赢得市场的决胜权,只有通过团队的力量才能提升企业整体的竞争力。

2.借力是成功路上的滑翔机

牛顿曾经说过:"如果说我比别人看得更远,那是因为我站在了巨人的肩膀上。"这一句话不仅表现了牛顿的谦逊,更揭示了人生成长的真谛。

奥巴马曾经多次提到过美国先贤建立国家的信条,并强调这种"政治传承"，他就是站在先贤肩膀上的一个"传承者"。

2007年2月10日，在伊利诺伊州首府斯普林菲尔德，奥巴马宣布参加美国总统竞选。在演说中，他提到了林肯，并有意说出要继承先贤的志愿。他讲道："正是在这里，在斯普林菲尔德，这个来自东西南北的朋友齐聚一堂的地方，我想起了美国人民的正直——我开始相信，因为正直，我们可以建立一个更有希望的美国。正因为如此，在旧州议会大厦，在林肯曾经号召分裂的家庭齐心协力的地方，在诸位面前，我郑重宣布，我将参加竞选美利坚合众国总统……今天，我们再次呼吁，是时候为我们这一代人做出回应了，因为这是我们不屈的信念，尽管困难重重，热爱自己国家人们仍可以改变它。这就是亚伯拉罕·林肯的信念。"

他继续说道："让我们一起开始这项艰苦的工作；让我们改造这个国家；让我们重塑我们的经济，在数字化时代保持高度的竞争力；让我们建立高标准的学校，并给予他们成功所需的资源；让我们招聘更多的老师，并给予他们更好的待遇和更多的支持，以换取更多的责任。这是我们的时刻，我们的时代……"

奥巴马曾如此评价过林肯："他的伟大与他的生命历程有关。他脱离贫困，自学成才，在文字和法律方面有高超的能力。他战胜了个人得失，拥有在挫折面前不屈不挠的力量。"林肯废除了奴隶制，签署了《解放黑人奴隶宣言》，而当今的美国有了与林肯时代不一样的种族问题，奥巴马就是在这个基础上当选为美国总统的。

奥巴马说过："在这个伟大的国家，每个时代都会有新一代人崛起，他们扛起国家进步的重任。现在，又到了新人崛起的时候了。在这个每时每刻都在变化的时代，只有具有新鲜生命的人，才能带来新的血液和前进动力。我们不能否认，成功总伴随着各种挫折，即便是林肯也曾有举步维艰的时刻，但他凭借自己的意志与决心，克服困难，勇往直前，实现了一个国家的进步和统一。"

巨人们在实现自己人生价值的过程中走过了太多的崎岖,通过借鉴他们成功或失败的经验,可以让我们少走很多弯路。

一条帆船在江水中悠哉地顺流而下。岸上的一匹马看见了,长啸一声,傲慢地说:"伙计,你怎么总是慢吞吞的,得跑快一点儿啊!"

船哗啦啦地劈开江水,不紧不慢地说:"朋友,你认为你跑得很快吗?咱俩比试比试怎么样?"

"哈哈,你想跟我比?好,现在就开始吧!"说罢,马撒开四蹄就跑了起来。

马跑啊跑啊,跑了将近一个小时,当它确信自己已远远地把船抛在了后面时,就停在了一片草地上休息。

可它的喘息还没有完全平定,船就赶上来了。马见船逼近了,撒腿就跑,看看又把船抛在了后面,便再次停下来吃草。马正吃得津津有味,船又优哉游哉地驶来,马慌忙跑了起来。

就这样,马想摆脱船的追赶,而船就像影子一样,怎么甩也甩不掉。马终于累倒在地上,眼睁睁看着船从自己的面前超过去。马有点不明白,高喊:"伙计,你说实话,咱俩谁跑得快?"

船老老实实地说:"在一定的时间里,你比我跑得快。"

"可是,为什么最后我却输给了你呢?"

"很简单。"船仍是那么慢悠悠地说:"慢船累倒马——你依靠的是自己的力量,而我,却借助了风和水的力量。"

能够成就一番事业的人,他们最聪明智慧的表现在于能够集中别人的智慧为己所用,将别人的智慧变成自己的能力。三国时,实力最差的刘备利用诸葛亮的智慧和关羽、张飞等人的勇猛，获得了三分天下；刘邦用了张良、萧何、韩信等人，成了"楚汉分争"的胜利者，建立了大汉王朝；李世民招贤纳谏，造就了"贞观盛世"。无数事实证明，古今中外，凡成就大业者，无不是招贤纳士、借助外力的高手。

万达决定做商业地产后，第一个想法就是"傍大款"。在这之前，万达也做过一些收租物业，有七八个小型商场和酒楼，但对方经常欠租，逼得他们成立了一个收租队。为了防止这种现象再发生，万达提出，收租物业一定要找实力强的租户，要向世界500强收租，并决定从沃尔玛开始。

王健林说："我约沃尔玛主管发展的副总裁，约了很长时间才见上面，他们听完我的想法就笑了，这是一种轻视的表现，他们可能在想：这么小的公司怎么敢提出和沃尔玛合作？我反复跟他讲，我们有好的条件。最终，他们同意先不谈合作，先做一个项目试试。然后，我又亲自去深圳，数次游说沃尔玛亚太区首席执行官。历时半年多，前后几十次游说，沃尔玛终于答应和我们在长春合作第一个万达广场。我们想方设法把项目干好，让沃尔玛觉得可行，于是继续跟我们合作。干到第5个万达广场的时候，沃尔玛同意跟我们签一个战略合作协议。我们拿着这个协议，开始'忽悠'更多的跨国企业跟我们合作，也包括国内的苏宁、国美等，这些品牌在早期对万达广场发展起了非常大的作用。站在巨人的肩膀上，可以看得高、走得快，所以这个战略是成功的。"

"借"绝对不是简单的依赖和等待，而是一场有准备的战斗，是用巧妙的智慧换取财富。从这一点来说，你首先要对自己有充分的了解：你的强项是什么？怎样的"外援"会对你有帮助？然后在对市场充分了解的基础上锁定自己的靠山，通过有效的"嫁接"，真正达到"借"的目的。所以，"借"是主动的，它是你根据实际需要做出的选择。

有这样几条思路可以成为"借"的借力目标。

第一是借"智力",也可以说借"思路""经验"等。比如,有些投资大师有不少好的经验,这都是他们经过多年的成功与失败得出的制胜法宝,它们显然可以让我们的投资少走许多弯路。

第二是借"人力",也就是所谓的人气。一个品牌、一处经营场所甚至是一位名人,其周边可能聚集了不少类别分明的人群,如果能把自己生意的目标消费群与之结合起来,将会带来巨大的收益。

第三是借"潜力"。良好的社会经济发展前景诱惑无疑是巨大的,它会给我们的投资带来有效的增值空间,像城市的建设规划以及中小城市的发展计划等,都是值得我们关注的焦点。

第四是借"财力",有些投资者或企业可能会遇到资金捉襟见肘的情况,这时,充分利用银行或投资基金的财务杠杆无疑能让你解决许多"燃眉之急"。

第五是借"权力"。这里所说的权力指的其实就是政策,"借"上好的政策同样也会使你赢得发展的契机,靠政策致富的案例早已屡见不鲜。

在这里需要说明的是,"借"与盲目跟风有着本质的区别。"借"是一项高技术含量的工作,通过了解、准备、研究、比较和选择等多个步骤才能获得成功,而如果随意地跟风模仿,反而会给你带来不小的风险。有些投资者不考虑周围环境和自身的不同实际情况,不看实际效果是否有效,不看时机是否成熟,不看条件是否具备,生搬硬套,盲目地跟着别人走,这显然是与"借"的本意相违背的。

借助外力在我们的生活中无处不在。每个人的成长过程中都需要借助外力,只有善于借助外力,才能走得更远。

3.人尽其才,人尽其用

身为一个组织者,或者一项事业的最高负责人,要做到知人善任,充分考虑人才的具体特点,把他们放到合适的岗位上。比如,有的擅长分析,有的擅长综合,有的擅长管理,有的擅长交际等,特定类型的才能应与特定的工作性质相适应。

有人把奥巴马的精英朋友团分成三大帮派:"华府帮"是奥巴马来到华盛顿之后结交的一些朋友;"哈佛帮"是奥巴马在哈佛上学时打下的基础;"芝加哥帮"是奥巴马在芝加哥工作时结交的人脉。每个"帮"都有不同的拿手好戏:"华府帮"的人擅长外交,"芝加哥帮"的人擅长筹款,"哈佛帮"的人则善于出点子。

奥巴马的经济顾问米切尔·弗罗曼和国内政策顾问卡桑德拉·巴特斯就是"哈佛帮"的重要成员,在奥巴马与麦凯恩角逐总统时,他们出主意说:"美国选民最为关注的是经济问题, 只要捏住共和党的经济死穴,麦凯恩就没有翻身的机会。"得到这样的金玉良言,奥巴马在经济上对共和党连翻攻击,最终走到了胜利的终点。

芝加哥有奥巴马"第二故乡"的说法,而奥巴马在芝加哥结交的一些朋友多为商界和法律界人士,"芝加哥帮"的核心成员是曼哈顿律师合伙人约翰逊。同奥巴马一样,约翰逊也是出身底层,他的母亲是一个小报社的记者,父亲是一名心理学家。

考上芝加哥大学后,约翰逊并不是一个成绩优秀的学生,但他爱上了这座城市。在芝加哥上学期间,他给当地一家小报社打工,专门报道芝加哥城市发生的街头政治以及普通人的生活状况。因此,大学毕业后,约翰逊已经非常了解芝加哥的平民生活了。而在这个过程中,约翰逊学会了如何与人更好地打交道。

奥巴马了解约翰逊的长处,并对他委以筹款重任。他把芝加哥和纽约的一大批商界精英网罗到了奥巴马的旗下,其中包括全美停车场连锁企业家马丁·纳斯比特、美国商界大佬瓦勒里·杰里特、投资基金会创办人约翰·罗杰斯等。这些人除了为奥巴马提供大笔资金外,还利用自己庞大的关系网,动员美国商界为奥巴马出钱出力,在奥巴马的竞选活动中发挥了"筹款机"的作用。

奥巴马在华盛顿结交了苏珊·赖斯,此前,赖斯负责外交事务,并在美国外交界积累了广泛的人脉,在很短的时间内,她就为奥巴马召集了几十人的外交顾问团队……

奥巴马关注不同朋友的优点,并让他们发挥各自长处,最终为自己的总统之路做出了贡献。

完成任何一个稍具规模的事业都需要众多的人员、丰富的物力,一个人的能力是远远不够的。对于秉性不同、资源不同、特长不同的人,领导者只有让适合的人做适合的事,才能突出他们的能力,否则就很难达到目的。

每个人都知道,执行力是有限的,某人在某方面表现很好,并不代表他能胜任另一项工作。一个工程师在开发新产品方面或许卓有成就,但他并不一定能成为一名出色的推销员;同样,一名成功的推销员在产品促销方面也许很有一套,但对于如何开发新产品,他往往会一筹莫展。

一家大型化学公司的老板花重金聘用了一位著名的化学教授,从事某一种重要产品的开发。但几年过去了,这名教授没有开发出任何适销对路的产品,最终,老板不得不痛苦地承认聘用这名教授是个天大的错误。会出现这种情况，原因就在于这位老先生只适合在宁静的学校里搞研究，如果置身于竞争非常激烈的市场中，他无法适应巨大的压力，自然无法推出适销对路的产品。

所以，领导者在选用人才时，应考虑到其执行力是否与职位的要求相匹配。只有选择适合职位要求的人才，才能为企业创造出有效的价值。

汽车大王帕尔柏在开辟自己的汽车代理业务时，曾为自己的公司聘请了一位大汽车制造公司的管理人员负责汽车的营销业务。这个新上任的营销主管的确对汽车业十分内行，甚至能说出汽车所有零部件的名称和从哪儿可以买到它们，但他对汽车的销售、销售人员的管理、如何控制不必要的销售费用、营销策略等方面一窍不通。由于他来自生产厂家，他对汽车的生产管理十分在行，但在如何与厂方据理力争、抓到畅销车的货源方面却没有一点建树，这使帕尔柏的希望落空了。

后来，帕尔柏又聘用了一位善经营、懂销售的人，由于他非常了解汽车的行情，对于推销有自己独特的见解，更注意费用的核算，最终使公司的业绩蒸蒸日上。

企业领导者的主要职责就是按照企业生产经营管理的要求和员工的素质特长，合理地"用兵点将"。

日本"重建大王"坪内寿夫堪称"点将"高手，他在活用人才方面的能力非常突出。

坪内寿夫指出："每个企业都有一些'窗边族'，也就是专门在窗边待着，什么也不必做，就可以领取高薪的人。终日卖命勤奋的员工看到这些悠闲的'窗边族'，心中当然有所不满。如果公司无法改变这种现象，恐怕是难以服众的。我们讲究的是劳动价值，假如公司存在着游手好闲者，其他人自然也会缺乏工作意愿。如果在我们的公司里有这种人，我就会把这些'窗边族'另派用场，在造船部门中，是绝对不会看见一个'窗边族'的。"

"遇到这种'窗边族'的时候，我会让他明白，他一旦留在造船所，其他人势必会在他的影响下学着不工作，所以他应该离开这里。但我保证给他足够维持生活的薪资，替他另外找一个可以发挥其特长的工作，或者把他调到适合他的工作岗位上。领导者只有妥善处理这些'窗边族'，才能为公司的成长和发展奠定好基础。"

坪内寿夫所倡导的就是适才适所主义。适才适所主义就是要根据员工的不同情况，将其安排到最适合他们的工作岗位上。事实证明：很多人尝试新的工作后，很惊讶自己的能力，发现自己对新的工作竟也得心应手。

俗话说得好：三人行，必有我师。每个人都有自己的优点，能善用其所长以处事，必会收到事半而功倍的效果。成功的企业家用人的重要原则之一就是适才适所。

(1)"天才型"员工

这一类员工表面看上去是害群之马，但他们往往胸藏机杼，工作起来游刃有余。这类人往往会因为工作中缺乏新的挑战而感到失望。因此，对这一类员工，管理者应该让他们参加特殊的项目，甚至是做团队领导，让他们不断地加快轮换职位，这样能够使得他们对工作产生新的挑战。

(2)"沉默寡言型"员工

这一类员工在工作上没有问题，能够应付大部分工作任务。但他们不会在团体会议上分享观念，也不会加入团体项目。因此，管理者应该让他们与那些更加积极自信的同事合作，或者不断地给予他们要求更高的工作，改变他们的行为。

(3)"工会代表型"员工

这一类员工总觉得自己要坚持原则和管理层抗争,并把这当作自己的职责所在,因为劳资关系是一项永远的斗争。对于这一类员工,管理者应该让整个团体当场处理他们现实与理想之间的抱怨,与他们直接商谈业务等问题。

(4)"大材小用型"员工

这一类员工往往没有能够尽其才,或者相对其工作来说培训过多。对于这类员工,管理者应该直接听取他们关于增加职责的建议,委派他们担任领导的角色。

(5)"不堪重任型"员工

这一类员工或许是技能太差或许是缺少培训,不怎么胜任工作,进一步培训要么不可行,要么无济于事。对于这类员工,管理者应该将他们与那些"大材小用"型的员工进行搭配,安排他们做得来的工作,调整其在队伍中的位置或者考虑将其辞退。

4.尊重和信任是合作的基础

没有人能够接受自己被别人怀疑,无论是能力还是其他,当一个人得不到信任时,合作就会很快终止。只有当他得到充分信任的时候,他才愿意发挥出最大的潜力。

而尊重是靠信任体现的。如果一个人总是感觉自己备受怀疑,一定会产生一种不受尊重的感觉。所谓"用人不疑,疑人不用",说的就是这个道理。

2009年5月16日,奥巴马提名犹他州州长、共和党人乔恩·亨茨曼(中文名:洪博培)担任美国新一任驻华大使。洪博培任里根总统的白宫助理后,曾在20世纪80年代访问北京并入住钓鱼台国宾馆,为里根总统访华打前站。

奥巴马对洪博培表现了充分的信任和尊重,他说道:"洪博培的知识和经验将有助于促进美中关系,我无法想出还有谁更适合承担这一任务。"

奥巴马对于与他合作或者将要合作的人都给予了充分的信任和尊重。在2008年的民主党代会上,虽然希拉里已经在6月份承认大选失败,但奥巴马仍然同意与希拉里一起作为总统候选人提名人选,让代表们进行投票,尽管这只是个"过场",但这表达了他对希拉里的尊重。后来,奥巴马邀请希拉里担任国务卿一职时,更是充分表现出了对她的尊重和信任,他说:"希拉里智力过人,尤其坚强,有极好的职业道德……我对她有十足的信心。她认识世界上的很多领导人,能够在各地赢得尊敬,她显然有能力促进美国在全球的利益。"

尊重和信任是合作的基石,没有它们,就没有合作。连起码的信任和尊重都做不到,就算勉强合作,也不会得到满意的结果。一个高效的团队,最重要的特征就是成员之间互相尊重和信任。每个人都有各自的性格特点和工作能力,他们承担着不同的工作,信任和尊重能够使人们更加愉快、高效地工作,更加良好地互动。

杜勒公司的杰拉德和大卫是非常好的合作伙伴,人们常用这样的话来形容他们两个:汽车上的两个轮子、理想的分管经营……这也正是杜勒公司成功的关键。

杰拉德是一位百分百信任大卫才华的天才技术人员。杰拉德总是待在技术研究所里,穿着一身工作服,解决和管理一切技术问题。但他本人却不善于理财,在这方面,他给了大卫充分的信任,并对他营销管理的决定给予充分的尊重。

大卫不懂技术,但具有筹集资金、推销产品的能力。他无法给杰拉德带来研发上的意见,但他能够给予对方全部的信任。他曾经说过:"只要为了杰拉德,我自己什么都可以放弃,没有任何犹豫。也许正是因为这样,杰拉德才会毫不顾忌地把营销工作交给我。"

有一次,大卫决定在得州建立工厂,有人问杰拉德:"大卫的做法真的可行吗?"杰拉德的回答是:"说实话,我对此并不清楚,但既然那个家伙说可以,就一定没有问题。"

其实,在合作中,除了靠信任表示对他人的尊重之外,还应该在平时的为人处世中让人有被尊重感。不只是要在平级之间、与领导之间做到这种尊重,与下级之间也要做到。每个人都渴望被尊重,不论资历深浅、能力强弱,当对方受到尊重时,往往会发挥更大的积极性来与我们合作,从而提高工作效率。

中国有一句古话叫:投之以桃李,报之以琼瑶。如果管理者能够真正做到尊重人才、善待人才,这些人才必定会心怀感激,努力发挥自己的聪明才智,报答管理者的知遇之恩,与其肝胆相照、荣辱与共。所以,身为管理者,一定要谨记:对待人才要体恤,要用真情去感召、抚慰他。

在这方面,朱元璋堪称楷模,他对待"四学士"的态度就很好地体现了这一点。

当时,"四学士"之所以隐居深山草野,是因为他们虽然学富五车,但苦于没有用武之地。当时的元朝政府吏治腐败,人分九等,民族歧视严重,他们对元朝的黑暗政治深感失望。尽管他们都有远大的政治抱负,但他们清楚地知道,如果混迹于元朝的官场,他们最终的结果不是与其同流合污,就是因为独善其身而遭到排挤、打击。因此,本着明哲保身的原则,他们选择了隐居。

隐居之后的"四学士"表面上不问世事,对当时的时局却洞若观火。只是他们自视甚高,不愿意辅佐平庸之辈。然而,所有的这一切都因为朱元璋的盛情相邀而发生了改变。朱元璋的诚恳谦逊以及他的远大志向赢得了"四学士"的信任,有一句话很能说明朱元璋当初对"四学士"的真诚和器重,他说:"我为天下屈四先生。"

可见,这个时候的朱元璋不但已经胸怀大志,准备夺取天下,而且已经深谙用人之道。一个"屈"字已经足以表现朱元璋与"四学士"的心意相通,即他理解"四学士"的苦衷,但仍希望"四学士"以天下为念,出山辅佐自己匡扶正道,解救天下苍生。得遇如此明主,"四学士"自然愿意放弃隐居的念头,出山辅佐朱元璋开创帝业。

此外,还有一件事也能从一个侧面说明朱元璋非常体恤人才和善待人才。

元至正十六年(公元1356年)三月,张士诚在长江三角洲地带发起攻势,进攻江南元军。乘此机会,朱元璋亲自统率水陆大军,第三次进攻集庆(今江苏南京)。第三天,朱元璋攻破城外的陈兆先军营,其部3.6万人归降朱元璋。但由于朱元璋看出降军心存疑虑,军心不稳,便从降军中挑选了500名勇士充当自己的亲军,在夜里守卫自己,而自己的身边只留下亲兵统领冯国用一人。

第二天,降军得知此事,非常感动,疑虑全消,甘愿跟随朱元璋打天下。之后,战事进行得十分顺利,不到10天,朱元璋便攻下了集庆。

据有关调查资料显示:一个企业所获取的全部成果的80%是靠20%

的人来完成的。这个统计数字表明,作为企业的决策人,能否善待身边这20%的人,是能否留住人才的关键所在。而留住人才的最直接结果,就是能够及时匡正决策者的失误,使企业平安地渡过暗礁险滩。

因此,管理者在任何时候都要保持清醒的头脑,明确在自己身边的究竟哪些是人才,这些人的性格特点和心理需要是什么。但令人遗憾的是,有些管理者虽然也知道人才对企业的重要性,却无法做到体恤人才、善待人才。在他们看来,所谓善待人才,就是给他们丰厚的物质待遇,尤其是工资和福利待遇,只要在物质上满足他们就可以了。

可是,千万不要忘了,任何人在任何时候都有自己的心理需求,如果一个人在心理上不再有什么需求,那只能说明他对管理自己的人已经非常失望,不再期待自己能够从老板那里得到多少回报。一旦有了这样的想法,他的积极性、主动性和创造性都会大打折扣。如果拥有这种想法的人越来越多,那对管理者来说绝对是一个危险的信号。

孙子说:"带兵的将帅要爱护士卒,把士卒当作自己的亲生儿子,这样,士卒也会尊敬将帅,把将帅当作自己的父母。形成了如此亲密的关系,作战时,士卒就会奋勇当先,与将帅一起同生死、共患难,这样的军队具有坚强的战斗力,能够创造战争中的奇迹。"

在企业管理中,领导也要关心、爱护员工,如同家人,这样,员工也会热爱领导,把企业当成自己的家,奋力工作以回报领导的关爱。员工具有如此的积极性,必然会出主意、想办法,生产出高质量的产品,企业也会因此而兴旺发达起来。

许多有远见的管理者从劳资矛盾中悟出了"爱员工,企业才会被员工所爱"的道理,因而采取软管理办法,对员工进行感情投资。这一管理学的新观念已经越来越深入人心,而且被越来越多的企业管理者所接受。实践使他们懂得,没有什么比关心员工、热爱员工更能调动他们的积极性、提高工作效率了。

5.精心挑选合作伙伴

奥巴马挑选合作伙伴可谓煞费苦心,内阁中每一个成员都是各方面的精英。

2008年,希拉里退出竞选后,共和党资深参议员约翰·麦凯恩就成了奥巴马唯一的竞争对手。这个时候,奥巴马开始积极组建自己的竞选团队,他知道竞选团队的重要性,这个团队不仅能够帮助他进行竞选,而且,如果竞选成功,其中的成员还将会成为他未来施政的人事基础。

在民主党的帮助下,奥巴马精心组建了一支阵容豪华、实力雄厚的团队。在由13个人组成的顾问小组中,不仅有前国务卿德琳·奥尔布赖特、前国防部长威廉·佩里、前国务卿沃伦·克里斯托弗等政要,还有印第安纳州前众议院汉密尔顿、佐治亚州前参议员纳恩等经验丰富的政治家。精心挑选组成这样的团队,一方面是奥巴马为自己可能的未来白宫生涯铺路,一方面也是为了弥补自己政治经验的不足。

2012年,希拉里传出卸任国务卿的消息后,奥巴马不得不精心挑选一个合作伙伴担任自己的国务卿一职。在美国,国务卿是个非常重要的职位,是仅次于总统、副总统的国家高级行政官员。

美国媒体普遍认为,奥巴马极可能提名驻联合国大使苏珊·赖斯接替希拉里。苏珊·赖斯与小布什政府的国务卿康多莉扎·赖斯同姓不同名,但都是成功的黑人女士。苏珊·赖斯是坚定的民主党人,出生于华盛顿。1997年,她出任非洲事务助理国务卿,成为最年轻的助理国务卿,任期内经历了1998年坦桑尼亚和肯尼亚大使馆遭袭击事件,有处理各种"突发事件"的经验。

经过充分考虑,奥巴马最终却决定由克里出任国务卿一职。克里毕业于耶鲁大学,1966—1969年在美国海军服役,参加过越战,被称为越战英雄。1984年首次当选联邦参议员,4次赢得连任。2004年,克里作为民主党候选人挑战时任总统小布什。此外,他还具有较为丰富的处理中东事务的经验。

对于克里担任国务卿一职,奥巴马评论说:"没有多少人像克里一样结识众多国家的总统和总理,并且赢得他们的尊敬和信任,也没有多少人像他一样对美国对外政策有着透彻的理解,因而,克里是今后几年主导美国外交的完美人选。"

挑选合作伙伴需要考虑多方因素,我们首先需要考虑的是:合作伙伴能否弥补我们的缺点和不足。如果我们做事急躁,那就选一个稳重的合作伙伴;如果我们不拘小节,那就选一个细致入微的合作伙伴;如果我们的脾气暴躁,那就挑选一个能够容忍暴脾气的"老好人"。总之,各方面能够互补,做事才更容易成功。

在美国的南北战争期间,林肯总统曾不顾全国会官员的强烈反对,坚持雇用了一个十分"另类"的军事参赞。这个参赞之所以不被人们看好,是因为他大大咧咧、拖拖拉拉的性子与文质彬彬、勤勤恳恳的历届参赞们大相径庭。

顶着一片质疑声,林肯仍旧任用了他。原因很简单,由于当时国内形势的压力实在太大,林肯性格又过于刚强,脾气暴躁,经常要和国会和军事指挥官为战争形势争吵,有时甚至会骂人、拍桌子,而后就长时间把自己关在屋子里沉默不语。

而这个参赞最大的优点就是经受得住责骂,无论林肯怎么骂他,要不了五分钟,他肯定会"没皮没脸"地踱回来,边进门还边说:"哎呀,亚伯拉罕,你刚才那个说法就是不对的啊……"

慢慢的,大家逐渐了解了这个参赞。其实,这位参赞是一个学者型人物,他对很多事情不敏感,但他是军事专家,他对有关军事方面的问题总能提出自己独到的思考和见解。所以,在林肯总统脾气暴躁、无法听取不同声音的情况下,这位"经受得住责骂"的参赞的陪伴显得分外重要。

寻找合作伙伴是件非常重要的事。世界上的人虽多,想要找到适合你的合作伙伴却并不容易, 漫无目地寻找只会浪费你的时间和精力。所以,我们整理了以下10个标准,可以帮你迅速断定对方是否适合当你的合作伙伴。

(1)你是否了解自己

在寻找他人之前,你首先要了解自己:你的个性如何? 你的喜好是什么? 你的原则和底线又是什么? 你擅长什么? 能力如何? 是否有协调性? 你的优势是什么? 劣势是什么……如果你不能对自己做出一个全面准确的判断,你就很难知道自己究竟需要什么样的合作伙伴。

(2)双方目标是否一致

合作的关键在于双方的目标是否一致,目标一致,你的竞争对手也能成为你的合作伙伴。这个目标既可以是短期的小目标, 也可以是长期的大目标。只要目标一致,预计的结果能够让双方有所收益,你们就有合作的可能。

(3)对方能力如何

除了要准确地估计自己的能力,还要全面地调查合作者的现状和能力,如果双方的实力旗鼓相当,往往能产生不错的合作结果。考察对方能力的时候,既要看到对方过往的成绩,也要看到他现在的状况以及未来的发展潜力。不要单凭对方的一面之词就草率地决定合作,事前考虑好过事后懊悔。

(4)你能否与对方沟通

即使你们的能力相当,你也要弄清你们是否容易沟通,是否会出现鸡同鸭讲的情况。如果你们不能准确快速地理解对方的意图,如果你们对目标的具体理解存在很大差异,那么,在事情的执行过程中,很可能会因为沟通不当造成合作破裂。所以,在事前确定双方是否能够很好地沟通至关重要。如果双方没有沟通的意愿,都喜欢自行其是,无法做到步伐统一,那么,这样的合作不要也罢。

(5)是否有根本利益冲突

目标一致,不代表合作能够进行到最后。如果双方有根本性冲突,合作早晚会破裂。所以,如果你与你的合作者有根本性冲突,可以考虑选择其他合作者;如果必须与其合作,就要小心行事,步步观察。

(6)对方的人品如何

合作者的人品是你必须慎重考虑的因素,他是否讲原则、重承诺、守信用,是保证你们顺利合作的前提。此外,最重要的一点是合作者的责任感,他是否能够与你一起承担事业的风险。在困难的时候,有责任感的人不会弃你于不顾,和一个有责任感的人共事,等于给这份合作上了保险,即使失败,也不是由你一个人承担。

(7)双方是否有互补的一面

合作是一个取长补短的过程,如果你们之间有互补的一面,充分发挥自己的优势,就能实现最佳的资源配置,达到1+1>2的效果。如果能在合作的过程中学到对方的优点,对于自己的发展也有不可估量的益处。

(8)能否产生默契

合作双方要有默契,没有默契,会造成合作双方状况的紊乱,甚至造成不必要的误会。默契的基础在于信任,如果不能相互信任,就无法产生默契。所以,考察对方是否值得你信任,是判断你们之间能否产生默契的第一步。有了信任,再加上良好的沟通,产生默契并不是一件难事。

(9)对方是否有包容心

在合作中难免会出现错误,你必须判断当你出现错误的时候,对方是否能够包容你。那些能够原谅你的小错误,以大目标为前提继续合作的人,是你的首选合作对象。但是,如果一个人表示,他能够原谅你出现战略性、原则性错误,那你千万不要与他合作。合作的目的在于互助与互相监督,如果他能够原谅你的战略性、原则性错误,就代表他并不重视这次合作,也代表你必须原谅他的这一类错误,这样的合作不利于成果的产生。所以,合作伙伴要有包容心,但不能一味包容。

(10)是否能接受彼此的缺点

合作伙伴不会十全十美,你如此,他也一样。你们有相同的目标、互补的能力,还有一个很关键却也很容易被忽视的问题:你们愿不愿意接受彼此的缺点。

接受彼此的缺点,就是接受对方身上你根本无法赞同的部分,你愿意为这份合作做出让步或妥协,以保证结果的顺利。如果无法接受对方的缺点,合作过程势必会有摩擦,很可能导致合作的破裂。

寻找合作伙伴,本身就是一个考验你的眼光与能力的行为,你的标准是否合适、判断是否准确、了解是否全面,直接决定了合作能否顺利进行。尽量在每一次合作中重视对方,吸取经验,给你的合作伙伴留下良好的印象,这既有助于提升他人对你的好感,也能为你们下次合作预留空间。

6.合作双赢,化敌为友

很多人认为,竞争就是你死我活,竞争的双方就不能有合作的机会,他们似乎注定是为利益而对立的"冤家"对头。事实并非如此,竞争与合作之间是相辅相成、相互平等、互为补益的关系。

众所周知,奥巴马与希拉里在2008年民主党初选中互为对手,双方言辞斗争异常激烈,可谓"苦大仇深"。但奥巴马在赢得大选后,并没有对其进行打击报复,反而委以重任——任命希拉里担任最重要的国务卿一职。

希拉里在回忆当年的初选时说:"在政治和民主的竞争当中,总会有输的一方。我尽力了,但结果还是没有成功,但奥巴马请我出任国务卿,我答应了。为什么他会请我来担任这个职务?为什么我又会答应下来?因为我们两个人都热爱这个国家。"

以前,希拉里指责奥巴马"无耻";后来,奥巴马称赞希拉里"可爱"。由反唇相讥到夸赞对方,这一路走来,奥巴马和希拉里的关系发生了巨大变化。曾担任希拉里竞选团队总干事的帕蒂·索利斯·多伊尔说:"在同一个团队工作后,这两个同样英明、杰出的人逐渐彼此尊重、相互钦佩。"而另一名熟悉两人关系的消息人士这样说道:"令人吃惊的是,奥巴马渐渐地把希拉里看成是自己人——在以前,谁会想到这一点呢?"

早在从奥巴马赢得大选后的第二年开始,奥巴马与希拉里的关系就日趋缓和、亲密。2009年5月9日,奥巴马在白宫记者招待会上说希拉里和自己在流感爆发前先后访问墨西哥,他笑着说:"竞选期间,我们一直是对手,但这些天我们已经靠得不能再近了。"

美国可口可乐公司与百事可乐公司为了争夺市场而展开了近半个世纪的激烈竞争,可它们的竞争宗旨却是"未必要打倒敌人"。当大家对百事可乐—可口可乐之战兴趣盎然时,双方都是赢家,因为饮料大战引起了全球消费者对可乐的关注。同类企业合作会产生1+1>2的神奇效果。把双方不同的创造理念融为一体就会产生新的创造力,这会让双方都受益。

1998年,雅虎想进入中国,杨致远欲邀马云做雅虎的中国掌门,但当时的马云因为一心扑在自己创建的阿里巴巴上，因此委婉地拒绝了杨致远。也是这一年，雅虎正式进入中国。后来，阿里巴巴初见规模后，马云给杨致远写了一封电子邮件，问他："你觉得阿里巴巴怎么样？也许有一天，阿里巴巴和雅虎这两个名字配在一起会很好。"

直到2005年4月，杨致远才回复这封邮件："阿里巴巴和淘宝做得很好，有机会想跟你谈谈互联网的走势。"马云说："这么多年了，终于有了你的一封信。"

一个月后，马云与杨致远在美国一个高尔夫球场上相遇。球场上，大家打赌，让UT斯达康中国公司CEO吴鹰跟马云比赛打定点，看谁打得远。在场的人中，只有杨致远一个人赌马云赢。结果，这一杆吴鹰打空，瘦小的马云真的赢了。打完球后，杨致远笑着与马云并肩而行说："我们把交易定了吧。"

达成协议后，马云禁不住感叹："我追杨致远追了7年啊。"杨致远则说："我想在国际上或者科技上、品牌上来支持阿里巴巴，帮助阿里巴巴，用他们的聪明、他们的能力，把我们合并之后的公司做得更大。"这次合作，两人都达到了双赢的局面。

其实，我们应该有这种互利双赢的理念，因为有时候，敌人"死"了对我们未必有好处。竞争对手就像是我们一个良好的助推器，与"敌人"的竞争使我们保持着高度警惕，在这过程中，我们与"敌人"的能力都得到了提高。而一旦"敌人""死"了，这种警觉就会消失，我们则很有可能出现"死于安乐"的局面。因此，从这一方面讲，帮助"敌人"其实也是帮助我们自己。

在我国经济生活中，有一种"龟兔双赢理论"。

兔子因骄傲在第一次赛跑中失利之后，进行了深刻的反思，并决心和乌龟做第二次较量,乌龟接受了兔子的挑战。结果,兔子轻松战胜了乌龟。乌龟很不服气,它主张再赛一次,并由自己安排制定比赛路线和规则,兔子同意了。当兔子遥遥领先乌龟而洋洋自得时,一条长长的河流挡在了它面前。这下,兔子犯难了,它坐在河边发愁。这时,乌龟慢慢赶了上来,又慢慢地游过河而赢得了比赛。

几番大战后,龟兔各有胜负。后来,它们厌倦了这种对抗,最终达成协议,再赛最后一次。这一次,人们看到,在陆地上,兔子背着乌龟跑;在水中,乌龟背着兔子游,它们同时到达了终点。

目前,一些人信奉"丛林法则",即所谓弱肉强食、优胜劣汰,为了达到个人目的,他们可以不择手段,这无疑是极不可取的。要知道,竞争应以不伤害别人为前提,以共同提高为原则。竞争不排斥合作,良好的合作能够促进竞争,在竞争中互相帮助达到双赢才是目的。

从前,两个非常饥饿的人得到了一位长者的恩赐:一根鱼竿和一篓鲜活硕大的鱼。其中,一个人要了一篓活鱼,而另一个人则要了一根鱼竿,然后,他们就分道扬镳了。

得到鱼的人原地用干柴搭起篝火,烤起了那些鲜活的鱼。把鱼烤好以后,他狼吞虎咽,根本来不及品出鲜鱼的肉香。可鱼毕竟是有限的,还没过几天,他就把鱼全部吃光了。不久,他饿死在了空空的鱼篓旁边。

而另一个得到鱼竿的人朝海边走去。他忍饥挨饿走了几天,当他终于能看到远方蔚蓝的大海时,他已经一点力气都没有了。最后,他倒在了他的鱼竿旁,带着无尽的遗憾离开了人间。

同样,又有两个饥饿的人,他们同样得到了长者的恩赐:一根鱼竿和一篓鱼。但他们没像前两个人那样各奔东西,而是商定共同去寻找大海。他们两个带着鱼和鱼竿踏上了旅程。在路上,他们每次只煮一条鱼,以防在找到大海之前把鱼吃光。经过艰难的跋涉,他们终于来到了海边。从此,两人开始了捕鱼为生的日子。几年后,他们盖起了自己的房子,有了各自的家庭和子女,有了自己建造的渔船,过上了安定幸福的生活。

同样是面对着鱼竿和满篓的鱼,四个人却有不同的表现:前两个人只顾眼前利益,得到的只是暂时的满足和长久的悔恨;后两个人懂得人生的智慧在于目标高远和立足于现实,于是两个人合作,发挥了鱼竿和一篓鱼的双重功效,最后过上了幸福的生活。

合力双赢不是更好吗?既可以发展自己,也可以让自己得到最大的好处。

一个人的力量是很有限的,就像孤掌难鸣一样。所以,要想办成事,就要善于与人合作。不管是别人帮助自己还是自己帮助别人,只要能让问题顺利解决,我们都不应该拒绝。别闷在一大堆事情中间,探出头来,你会找到更好、更有效率的解决方式。

7.聚焦成功的"磁场"

奥巴马聚拢了很多成功人士,并利用这些成功人士的支持为自己赢得了更多的支持。

4年一次的党代会是美国大选年两大政治阵营为争夺白宫筹划的"全体总动员",两大阵营的党代会会把各方全党的成功人士聚在一起,并且支持各自的候选人角逐白宫。2008年民主党代会期间,民主党的代表们主要讨论了两个议题:党内要团结一致,反对分裂;拥护奥巴马,反击麦凯恩。

在第一天的开幕式上,时任民主党全国委员会主席的迪安和众议院议长佩洛西做了演讲。前来参加大会的还有身患癌症、正在住院治疗的资深参议员泰迪·肯尼迪,他发表了简短的演讲:"任何事情都无法阻止我来参加这一次重要的聚会,我要和大家一起改变美国,重建未来,选举出奥巴马为美国总统。"身患重症的肯尼迪能够到来让代表们深受感动,他对奥巴马的认可更加坚定了党内代表和选民对奥巴马的支持。在这一次大会上,奥巴马和许多民主党重量级人士"抱团",为总统之路奠定了坚实的基础。

2008年夏天,前美国国务卿,也是美国历史上第一位黑人国务卿鲍威尔表示对共和党在竞选过程中的丑行感到非常失望。对于共和党人卑鄙地利用埃尔斯的问题,鲍威尔在10月19日上午的《与媒体见面》的节目中发表了自己的看法:

"我们为什么要在全国范围内做那样的事情呢?打那些电话的动机是试图暗示奥巴马参议员与埃尔斯先生因为有一点儿非常有限的联系,他的身上就存在污点了吗?麦凯恩他们想做的是把奥巴马和恐怖分子联系起来,我觉得这么做是错误的……"

在批评麦凯恩之余,鲍威尔还赞美了奥巴马身上具有包容性的优点:"奥巴马风格与实质皆备,他具有成为一名杰出总统的素质,我会投巴拉克·奥巴马一票。"鲍威尔对奥巴马的公开支持帮奥巴马争取到了更多共和党中间派和独立人士的选票。

奥巴马20日在美国全国广播公司节目《今天》中对共和党人鲍威尔公开支持自己表示感谢,称鲍威尔"可能担任我的顾问"。他说:"一旦当选总统,鲍威尔是否愿意在政府中担任正式职务,将是我们需要商讨的问题。"

很多人能够取得成功就是因为这样——自己本身非常优秀,并且能够聚拢很多优秀人才。

美国好耶直升机侧翼公司创始人罗宾·彼特格雷夫曾经说过:"我并不是特别聪明,但我周围有一群才华横溢、富有激情的员工。曾经有一段时间,我和那些商业合作者谈生意时,做出决定是一件非常痛苦的事情,因为我不知道自己的决定是不是完全正确。但是后来,我从与这些成功的下属的合作中得到了进步,现在,我自信能够做出正确的抉择。"

马云和孙正义第一次坐到一起时,马云没有钱、没有名气、没有多少工作经验,而孙正义却已是软银集团的董事长、亚洲首富。初次见面6分钟后,孙正义决定给马云的阿里巴巴投资。那个时候,他们彼此都认为对方是一定要握手合作的那个人。

很多人可能觉得马云那时还不算成功人士,但在孙正义眼里,他就是一个成功人士,他的商业模式是全新的,这本身就是一种成功。孙正义说:"你会成就中国第一家真正的互联网公司,由中国人自己创立的新的商业模式,并在这个模式里取得世界第一。在当时,不管是日本的还是欧洲的互联网公司,它们只是复制美国的成功模式,阿里巴巴创立了一个全新的商业模式,因此,你一定会成功。"

此后,两位成功人士走到了一起,马云果然没有让孙正义失望。

后来,孙正义和马云见面时又说道:"我当时想,阿里巴巴会发展得和谷歌一样大,谷歌扩张的基础是广告,而阿里巴巴不仅仅依靠广告,这会使得阿里巴巴走得更加稳健。中国将会成为全球GDP最大的国家,阿里巴巴面对的是全球市场,而不仅仅是中国。所以,我希望与马云一起,与阿里巴巴一起,取得更大的成就。"

艾思奇说过:"一个人像一块砖,如果砌在大礼堂的墙里,谁也动不得;但若丢在路上,挡了人的路,就会被人一脚踢开。"一个独行侠,即便他再优秀,也不会实现多大的成就;同样,与不成功的人在一起,一个有才华的人只能被拖累。只有与成功人士或潜在的成功人士合作,才能让自己发挥才能,并借助成功人士的帮助走向巅峰。

的确,朋友之间的相互影响有着潜移默化的作用。也许你今天胸怀壮志,准备干一番大事业,但你的朋友却渴望安逸、平静的生活,于是在他的影响下,你的这番心思也渐渐地被淡化,如同过往尘烟,一吹即散。

成功是一个磁场,失败也是。一个人生活的环境对他树立理想和取得成就有着重要的影响。周围的环境是愉快的还是不和谐的,身边有没有贵人经常激励你,很大程度上会影响你的前途。

所以,我们要想"抬高"自己的价值,就必须往"比我们高"的人身边站。成功人士更愿意和成功人士在一起,自己拥有能够帮助其他成功人士的资本,才能获得成功人士的青睐,这样"抱团"起来,才会更有价值。

第三章

创新管理,唯一不变的是变化

- -

1.拆掉思维里的墙

人类心理活动的普遍现象是,长期习惯于按"一定之规"考虑问题,懒于进行创新思考。而创新是人类社会进步的客观要求,这需要付出极大的努力,摆脱和突破一种思维定式的束缚。

人的一生中充满无数的未知,想要只凭一套生存哲学来轻松跨越人生所有的关卡是不可能的。想要越过人生中的种种障碍,实现某种程度上的突破,向未来更美好的领域迈进,就需要学会用打破常规的智慧与勇气来变通。作为跨越生命障碍、走向成熟的重要一步,变通是一门生存智慧,更是一门学问。变通的最大敌人就是"定式思维",即常规思维的惯性,又可称为"思维定式"。

奥巴马就是一个不受经验教条左右的人,他是一个有着很强突破性思维的领袖。

面对两场战争、金融危机、经济萧条以及国际社会对美国人排斥等尴尬局面时,奥巴马诉诸普通人的情感,从一个父亲的责任感出发,用"以己推人"的东方智慧直指人心,点燃了美国人的激情。上台后的奥巴马对经济政策的调整也体现了他"不走寻常路"的风格。

全球正面临的这场经济危机,在很大程度上与华尔街的银行家们有关。但是,在这样的困境面前,他们还一手接受政府的救援,另一手得到高达200亿美元的分红。这激怒了奥巴马,他说:"那是无耻的。我们需要那些华尔街的人们在寻求援助的时候展示出一些自制、约束以及责任感。"

所以,奥巴马很快就拿出了具体的限薪令:凡接受大笔救市资金公司高管的薪酬上限为50万美元,除这50万美元和应得股息之外,不得再有奖金等补偿。

这在美国可以说是一场经济体制的大变革,所以,它给世人带来了不小的震惊。据美国标准普尔500家上市公司统计,美国上市公司高管与普通员工的年收入差距在400倍左右。华尔街金融机构的收入差距更大,以华尔街一般从业人员年薪10万美元计,50万美元年薪才是员工的5倍。从400倍到5倍,这就是奥巴马采取的雷霆之势!在这样的经济萧条时期,他要向全国发布一个信号:企业的红利应该更多地向那些普通工人和等待就业的人倾斜,而不应该使一部分人富上加富。虽然这个政策受到了美国三大金融巨头的蔑视和抵制,但从这个事例中,我们可以看出,奥巴马的思维方式完全不受经验的束缚,不走寻常路是他的风格。

如果我们走不出思维的定式，思考问题的时候习惯性地求助于经验、教条，我们就无法走出宿命般的可悲结局。但是，一旦我们走出了思维定式，我们就有可能看到许多别样的人生风景，甚至创造出新的奇迹。

因特是美国一家很有名气的大型海洋渔业公司，企业的CEO史密斯也是一位很杰出的经理人，有远见也有魄力。但是，美国的渔业处在转型期，史密斯也意识到了这一点，于是召集全公司中层以上的管理者参加"关于公司未来发展方向"的讨论。

在会议上，主要的争论就在于目前公司的业务中到底有哪些应该放弃。有人大胆提出，应该抛弃公司的传统业务——远洋捕捞业务。因为这项业务所带来的利润已经越发微薄。而且，这个人还举出了壳牌、美孚等石油巨头的转型案例，在这个以资本为导向的时代，它们都把传统的油气开采业务规划到了非核心业务区，最终实现了转型的成功。

这个观点引起了与会者的一场激辩。会议结束后，史密斯进行了一番深思熟虑，他认为开展渔产品深加工和营销方面的创新项目都是可行的，但若放弃远洋捕捞，公司的上百条渔轮和上万名从事远洋捕捞的员工就会被闲置下来。而且，如果真的这么做，那这家企业将不再是一家"海洋渔业公司"而是商贸公司，这让史密斯觉得难以接受。

最终，史密斯决定保留并重新整改远洋捕捞的业务，以便提高这项业务的利润。他把公司最好的人才包括他本人的大量精力都投放在了这上面，又贷款购置技术装备更先进的新船。但实际上，远洋捕捞确实已经过时了，史密斯的一系列措施并没有让这项业务有所起色，不仅如此，其他业务也受到了牵连，整个公司的业绩每况愈下。但史密斯却仍然坚持自己的想法，把公司这两年的不景气归罪于高涨的油价。

在因特公司遭受的损失中,我们可以看到,固守于旧思维对适应新环境有多么大的阻力。实际上,放弃传统的远洋捕捞业务就是一种对于新形式下公司经营模式的创新,但很不幸,这个创新被扼杀了。

所以,思维够不够开放、能不能剔除思维惯性,对于企业创新而言至关重要。当然,这个道理说起来很简单,但做起来很难。著名的投资大师沃伦·巴菲特就曾经提及,自己花了超过十年的时间,付出了重大代价,才做到这一点。可见,不管是谁,要养成开放的心态是知易行难的,但这又是个不能不重视、不能不解决的问题。

在现实中,奉行创新是艰苦、枯燥的,同时,创新又是一个连续的过程,不存在今天搞创新,明天就把创新扔到一边的情况。一些企业仅仅把创新作为一种短期的战略,在取得成功之后就放弃创新,开始守成,这也是这些企业没有继续发展的原因。

在当今国内环境下,创新为企业带来了很多机会。市场不断地被打开,全球一体化逐渐推进,既给企业带来了新的挑战,又带来了新的机遇,这其中存在着更大的新的需求有待去发掘。我们每天都可能面临改变,新的产品和服务不断上市,新技术不断被引进,新的任务被交付,新的同事、新的老板……这些改变,也许微小,也许剧烈,但每一次改变都需要我们调整心态去重新适应。改变,意味着对某些旧习惯和老状态的挑战,如果你紧守着过去的行为与思考模式,并且相信"我就是这个样子",那么,尝试新事物就会威胁到你的安全感。

2.敢于挑战权威

如果一个管理者只是延承之前全部的传统做法进行管理,而不管其是否有益于发展,而且视领导的经验、指示为最高准则,那么,他就不是一个具有创新力的管理者。组织的每一个阶段的发展都不可能和之前完全一致,传统模式往往会成为新发展的阻碍。

革故才能鼎新,要使组织保持不断发展的劲头,管理者就必须在那些需要"革故"的领域进行创新。创新需要管理者敢于挑战权威,从组织的长远利益出发而不是以权威为准则。

不畏惧权威力量的存在,这一点在奥巴马的外交政策上得到了充分的体现。

美国的外交政策一贯主张"大棒加胡萝卜"。这个政策是美国总统西奥多·罗斯福提出的武力威胁及战争讹诈的外交政策。他曾在一次演说中援引了一句非洲谚语:"手持大棒口如蜜,走遍天涯不着急"来说明他任内的外交政策,后发展成所谓"大棒加胡萝卜"政策。棍棒表示"威胁",胡萝卜代表"诱惑"或"甜头",所谓"大棒加胡萝卜"指的也就是软硬兼施的意思。但是,奥巴马并不讳言美国要为打击恐怖主义和国际安全负起责任,他还提倡无条件地对话和磋商,而不是"大棒加胡萝卜"。很明显,奥巴马颠覆了若干年来美国的外交思维,这是对权威的挑战。

权威虽然为我们的成长和发展带来了很多便利,但是,当我们需要进一步发展的时候,我们要有颠覆权威的勇气。如果不舍弃权威,哪来的自我发挥的余地?况且,在现在这个社会,"假权威"无处不在,稍不留神就会上"假权威"的当。

黄禹锡造假一事现在可能已经被人们淡忘了,这可算得上"假权威"的典型。

黄禹锡,韩国克隆专家,因为伦理道德问题一举成为科技新闻的头版人物,但后来黄禹锡的合作人说,黄已承认在培育胚胎干细胞中弄虚作假,并已同意撤回发表在美国《科学》杂志上的论文,一场针对他的调查已经全面展开。韩国国内对此大为震惊,甚至可以说对全民造成了"毁灭性打击",韩国人的情绪一下低落到了谷底,几大门户网站上充满了成千上万条对未来表示悲观的帖子。

在现实生活当中,人们都非常崇拜权威,所以,社会上才会有这么多带着奇妙光环的"大师""专家"。暂且不说"假权威"的广泛存在,即使是真的权威,我们也要批判地接受。

权威不仅会封闭我们的思考,还容易造成揣摩式、迎合式思考。鲁迅先生就非常反对迷信权威,大文豪苏东坡也非常反感迷信权威。

有一次,苏东坡去看济南监镇宋保国。宋保国将王安石写的《华严经注解》拿出来展示。苏东坡说:"《华严经》本来有八十一卷,现在却只有一卷,这是怎么回事呀?"宋保国说:"荆公(指王安石)注解的这一卷才是佛语,非常精妙,其他卷都是菩萨语(指废话)。"

苏东坡见他这么崇拜王安石,就说:"我从经书中取出几句佛语,夹杂在菩萨语中,再找出几句菩萨语,夹杂到佛语中,你能分辨清楚吗?"

宋保国说:"不能。"

苏东坡又说:"我以前曾住在岐下的那个地方,听说附近河阳县的猪肉味道很好,就叫人去买。这人回来的路上喝醉了酒,猪夜间逃走了,于是他就另买了一头普通的猪来顶替。客人们尝了这猪肉后都赞不绝口，连说好吃，认为非一般的猪肉可比。后来，这件用假猪顶替的事败露了，客人们知道后，都为自己当初的表态感到惭愧。今天荆公写的假话就如同那头假猪一样，只是没有败露罢了。如果你用心去体会，就会发现墙壁瓦砾都昭示着很精妙的佛法。至于说什么佛语精妙，不是菩萨语能比得上的，这难道不是梦话吗？"

宋保国惭愧地说："您说得有道理。"

别迷信权威，衍生扩展来说，就是提醒我们在遇到事情的时候不能盲从、不能随大流、作为一个理性的现代人，我们遇到事情的时候应思前想后，这样有助于你做出正确的决定。

3.创造力是竞争优势

奥巴马创造性的选举策略被很多人称赞，一些营销人士说："美国总统的竞选史，实际就是一部营销的革命史。"

有人曾经这么评价美国历史上的3位总统："1933年，美国总统罗斯福利用广播赢得了总统宝座；1960年，美国总统肯尼迪利用电视辩论赢得了总统大位；2008年，奥巴马利用互联网赢得了总统选举。"

奥巴马是一位极有创造力的总统，且不提奥巴马提出了一系列具有创造力的改革政策，在选举过程中，他顺应时代潮流，创造了利用网络竞选的全新竞选策略。要想在总统竞选中得到更多的支持，就要让美国人民对候选人有充分了解，网络无疑是最为行之有效的传播信息的手段。

随着互联网进入一个社交时期,社交网络能在很大程度上影响选民的选择。当网民在网络上接触到候选人更多的信息,对候选人有更为充分的了解后,他们便会选择站队。奥巴马深知社交网络的巨大力量,因此,他网罗了一大批网络营销专家,让自己的信息覆盖在网络各处,以期人们对他有更充分的了解。

Facebook(脸书)开设并经营着奥巴马的竞选网站,休斯创建的网站使得奥巴马募集到了大量捐款,人们拨打了大量的电话,阻止了数以万计的助选活动,该网站被普遍认为对奥巴马的胜选起到了决定性作用。

一个名叫乔·安东尼的奥巴马的"粉丝",凭借一己之力,通过网络为奥巴马争取到了16万人的支持。

通过利用网络竞选的手段,奥巴马吸引到了成千上万的美国民众加入到宣传攻势中,他们群策群力,奉献时间和金钱。一旦奥巴马处于劣势,他们就更加活跃地为其宣传。利用这样一个平台,奥巴马和他的支持者之间形成了一种直接而迅捷的联系。在大选日,Twitter(推特)成了奥巴马的电子监票人,一整天的时间里,奥巴马的支持者互相联系、互相提醒,以确保投票……

创造力非常重要,美国《商业周刊》曾经推出一本名叫《21世纪的公司》的特辑,其中写道:"21世纪的经济是创造力经济,创造力是推动财富增长的唯一动力,创造力是现代企业中许多卓越人物的成功秘诀,过去几十年,社会的种种进步都是源于人类的一种无法预测的创造力。"

创造力是指产生新思想、新发现和创造新事物的能力,它是伟大和平庸的分水岭。一个没有创造力或者拘泥于死板的人,一定会被击败。在创新主导的社会上,很多没有创造活力的大公司都被有新颖创意的后起之秀所取代,而那些长久占有市场份额的公司则靠着创造力维持着自己的生命活力,并进一步发展。

创造力对于我们的每一项工作都有作用,一个有创造力的人总是能够提出建设性的意见, 能够让我们在一个课题或一项工作上取得突破。创新的关键在于"创",而"创"是一种精神。只有敢想、敢闯、敢干,有创新的勇气和精神,才能开辟新领域,创出新天地。

对企业来说,创新就是企业利用市场的潜在赢利机会,以获取商业利益为目标,重新组织生产条件和要素,建立起效能更强、效率更高和费用更低的生产经营方法,从而推出新的产品、新的生产(工艺)方法,开辟新的市场,获得新的原材料(或半成品)供给来源或建立企业新的组织,它包括科技、组织、商业和金融等一系列活动的综合过程。

企业创造力的表现可以归纳为以下三个方面。

(1)善于发现潜在的创新机会

时刻关注行业动态,洞察发展趋势,迅速察觉变化和意外情况中隐藏的机会。对每个企业来说,机会都是均等的,那些看起来运气好的企业,是因为比其他企业更早地发现了有利机会。

1936年,摩托罗拉创始人高尔文在欧洲旅行,那时候战争即将爆发。接着, 两年的萧条时期让高尔文意识到战争中必然需要相关的设备,他的公司便开始研制军用收音机。1940年,《芝加哥每日新闻》的编辑打来的一个电话给公司送来了一个机会:威斯康星州麦克伊营地的军队需要无线电通信设备。高尔文派工程师唐·米切尔和约翰去实地考察,发现士兵随身带着非常笨重的通信设备,行军不便,公司决心要制造出更轻巧方便的通信设备。

(2)改进成果

在生产过程中,建立效能更强、效率更高和费用更低的生产经营方法,持续使用各种新的方式方法,改善原有的生产和管理途径,提高效率并节约成本。

摩托罗拉公司在研究更加轻便的通信设备时遇到了一个难题:如果使用天线,那会很容易被敌人发现。所以,他们必须找到一种抗腐蚀的、不反射的金属材质做零件。经过一系列努力改进,摩托罗拉最终研发出了手持无线电话机。

(3)开创新市场

创新不是毫无方向地付出,其结果必须具备市场价值,才能使企业受益。企业的创新要满足顾客的新需求、提升满意度。开发新的产品、引进新的原材料或使用新的工艺都要以市场为前提。

20世纪70年代,曾宪梓发现中国香港正盛行西装,当时有着"着西装,捡烟头"的说法,就是说连捡烟头的穷人都穿西装。但当时在中国香港只有一些进口的昂贵的领带。曾宪梓意识到:"中国香港有400万人,假如一个人有一套西装,那么领带的销量将无法估量。"

竞争优势并不是由企业规模的大小决定的,创新能力才是竞争优势的重要因素。创新能使小企业具备相当的竞争优势,并迅速壮大自身,创新能使企业变成行业的领头羊。一项新产品推出后,竞争对手往往需要一段时间才能追赶到相当的水平,而企业如果能在此时将另一项更好的新产品投入市场,就会把竞争对手远远甩在身后。

通用汽车公司的优秀设计师这样说过:"当人们还在喜欢A型车时,我们已经在向经销商运出B型车了,工厂则在生产C型车,而技术部则在设计D型车。"

一个企业家回忆道:"有一件事给我留下了深刻的印象。1922年的一天,我正朝达顿通用发动机公司的实验室走去,当我从一些被抛弃的建筑群前面走过时,我问这些建筑群原来是做什么的。达顿的一位朋友回答说:在这些巨大的建筑物里,巴尼和史密斯公司制造了世界上大部分的木式火车车皮;当钢式车皮问世以后,他们还继续制造木式车皮,所以这两个公司被淘汰了。"市场变化就是这么残酷。

有些企业一直提供固有产品,即使在市场大幅缩水的情况下也坚持投入产出,这样的企业很可能在一夜之间被市场抛弃。BP机、磁带、录像带都曾普遍为人们所欢迎,但技术的更新使产品推陈出新,人们的新需求得到不断满足的同时,旧有产品也遭到了冷落,相关企业纷纷面临惨痛损失甚至倒闭的局面。即使一些旧产品现在仍然被延续使用,但它的地位和作用已经远不能和从前相比。

对于企业来说,尽管某项产品一直是其优势,但放在市场环境下,很可能明天就被淘汰。如果把市场看成是波涛汹涌、变化无常的江河,那么创新就是企业的救生衣,它使企业紧跟市场的发展与变化,避免被市场抛弃。

市场发展有着它特有的时代特征,现今消费者越来越强调产品的个性化和多样化。他们不再满足于某商品只有一种颜色、造型或相关配置,他们需要的是令人惊喜的多样选择。他们不再满足于人人都有的相同产品,小到T恤,大到汽车,都在变得日益个性化,越来越多的商品推出个性定制和个人服务。这些都必然要求持续创新以实现改变,来应对现在纷繁多变的市场要求。

4.不要盲目"跟风"

我们做事总是喜欢寻找先例,别人没有做过,我们可能会觉得自己有点儿"另类",或是因为害怕别人的嘲笑,或是因为害怕结局没有保障,而不敢首开先河。然而,如果我们总是拘泥于这种思想,我们的人生就无法变得更加精彩,只能跟在别人的屁股后面,即使做到最好,也永远只是"老二"。

但是,别人的成功模式是无法复制的。每个人都有每个人的不同优势,面临的问题也都不一样,总是"跟班",往往会造成"邯郸学步"的后果。

在2008年的美国总统竞选中,奥巴马提出的各种政策都与前总统布什的政策形成了鲜明的对比。他知道自己要想有所作为,就不能成为他人的"跟班",他所面临的形势也不容许他做"跟班"。他提出在经济上实行变革,在外交上改变策略,并以此来赢得选民的支持。

在大选中,麦凯恩和奥巴马各有不同的优势。麦凯恩是越战老兵和资深参议员,在军事和外交政策上的经验是他在竞选中一直竭力吹捧的。为了向美国人民展示他的优势,麦凯恩于2008年3月16日抵达伊拉克,开始了他获得总统候选人提名的首次外交之旅。作为参议员委员会主席,麦凯恩是布什政府推行伊拉克政策的坚定支持者和推动者。

为了证明自己的外交能力,奥巴马也开始了他的中东和西欧之旅。而中东之旅的第一站,奥巴马未做麦凯恩的"跟班",他选择了塔利班和基地组织重镇阿富汗。他阐明了自己的政见:阿富汗才是真正的问题所在,必须从伊拉克撤军,同时出兵阿富汗。

在麦凯恩的欧洲之行中,没有到访德国,而奥巴马的西欧之行的首站目的地却选择了德国。对此，他有自己的考虑：历任美国总统都没有把德国作为欧洲最重要的战略伙伴，他希望通过德国之行吸引更多的报道和关注；除此之外，德裔白人的比率居美国各类白人比率之首，德国之行必然会引起选民的好感。事实证明：20万名柏林观众推动的"奥巴马飓风"席卷了整个欧洲，奥巴马的声誉在国际上越来越高。

奥巴马的"另类"出访让他获得了比较高的民意支持率。据盖洛普民意调查结果显示：出访之前，奥巴马仅仅领先麦凯恩2个百分点；出访之后，奥巴马领先了麦凯恩6个百分点。

美国总统大选实际上就是一场竞赛，要想获得最后的胜利，就不能跟在竞争对手的身后。奥巴马懂得这个道理，因此，在竞选过程中，他不做"跟班"，总是尝试走出一种自己的道路，利用自己的优势压制对手，让自己在被动的时候转为主动。

一位石油勘探者进入天堂的时候，圣·彼得拦住了他，并告诉他一个非常糟糕的消息："虽然你有资格升入天堂，但天堂里分配给石油业者居住的地方已经爆满了，我无法把你安插进去。"这位石油勘探者听完，想了一会儿后对圣·彼得提出了一个请求："能否让我进去跟那些住在天堂的人们讲一句话？"在得到同意后，这位石油勘探者就对着天堂里的人大喊："地狱里发现石油了！"话音刚落，天堂里所有的石油业者都蜂拥奔向地狱。圣·彼得见原本石油业者居住的地方空了出来，便请这位石油勘探者进入那里居住。这位石油勘探者迟疑了一会儿却说："不了，我想我还是跟那些人一起到地狱去碰碰运气吧，没准儿真有石油呢！"

这则故事中的所有石油业者都有"跟风"的共性，容易轻信他人的花言巧语，最后的结果却往往不尽如人意。

在网络信息技术高速发展的今天，很多人都放弃了思考。别人说在淘宝上开个小店能赚钱，于是就一窝蜂地去淘宝注册开店；别人说炒股赚钱，于是就毫不犹豫地跳入股市；别人说学计算机专业工资高，于是都去学计算机……他们从不静下心来分析分析这条路是否适合自己。另外，中小企业前瞻性不够，只能"看见了才相信"——只有看到了某类产品畅销之后才敢跟进，而做不到"相信看得见"。但由于某些产品生命周期越来越短，导致中小企业准备就绪之时，市场已经到了成熟期，它们永远只能跟在热点的后面疲于奔命。

刚刚大学毕业的小王就经历过这样的惨痛教训。他在讲起跟风加盟失败的经历时仍然耿耿于怀："当时土家烧饼火得不得了，每天买烧饼的人都排起了长龙，有的人还一次买好几个，我也是那里的常客。"

"土家烧饼店"生意如此火爆让小王迸发出了创业的想法。小王通过网络找到了土家烧饼的一个加盟代理商，低廉的加盟费以及代理商"不赚钱退款"的许诺让小王信心满满。有了创业项目，接下来就是准备资金了。家境并不富裕的小王费尽心思才从朋友和父母那里筹集到2万元的加盟费和租金。

等到小王的"土家烧饼店"开张时已入盛夏，这显然错过了最佳时机，炎热的酷暑，人们更愿意品尝那些使人感到凉爽的冷饮食品，而对烧饼店里的"高温"避而远之。此后，小王多次向加盟代理商求助，但始终未能改善惨淡的经营状况。由于入不敷出，他只好关掉了烧饼店。从加盟到关闭，不到两个月。

小王跟风的"热劲"一过才意识到，在烧饼店开张前，代理商只提供了烧饼的配方以及如何购买机器，对加盟店店址、相关设施、统一管理，甚至技术培训都不闻不问，早先"不赚钱退款"的许诺也成了空头支票。盲目跟风给了小王一个深刻的教训，这也让他清醒地认识到加盟之前一定要仔细调查、冷静分析。

创业者盯着这些所谓的热门项目，看到别人赚得盆满钵满，自己也一心想要分一杯羹，于是争先恐后地上马，又接二连三地倒闭，许多人因盲目跟风尝到了血本无归的"苦果"。市场运作有其自然周期，当市场过于饱和时，利润空间就会缩小，"一窝蜂"热潮有时正意味着恶性竞争即将来临。任何投资都是有风险的，一旦跟错了，就会掉进投资的陷阱。

中小企业犹如股市中的"散户"，没有庄家的实力与翻云覆雨的功力，"跟庄"是最好的策略。散户有散户的优势，绝大部分庄家也都是从跟庄开始起步的。但如果对市场没有清晰的认识，盲目跟庄，选股不佳，那就只能做"垃圾股"的接盘者。正所谓"跟风有道"，创业前周密的市场调查和理性的分析尤为重要。

因此，中小企业应该加大市场咨询、调研与预测，如果企业没有这方面的资源，就应该加强与市场调研机构、营销咨询机构的密切合作。"术业有专攻"，专业性的机构有大量资讯与数据库，对市场的分析能力很强，可以避免中小企业"灵光闪现"导致的决策失误。

在预测市场热点之后，中小企业对门槛较低的品类可以提前做前期准备，没有做先锋的实力就按兵不动，一旦大企业开始培育市场做先锋，小企业就可以迅速地在最恰当的时机切入市场，在利润最大化的时候发力。

聪明的跟风是为了市场的快速切入、销量的迅速上升，聪明的跟风是为了将来的不跟风。因此，做聪明的跟风者，是中小企业成功过程中的踏板。在跟风过程中让自己长大，不断增强核心竞争力，这才是最聪明的跟风者。

5.学会把劣势转化为优势

当一个人面对困境、危难的时候,学会把劣势转化为优势显得尤为关键,这往往能够令人绝处逢生,平稳地渡过难关。

一家领先的综合营销公关代理机构EuroRSCGWorldwide,公布了其全球性《品牌发展潜力》调查的研究结果。其全球首席执行官大卫·琼斯表示:"我们认为,竞争力是未来经济和政治取得成功的关键所在。追踪调查有助于我们了解历史信息,而品牌发展潜力则帮助我们预知未来。奥巴马品牌是一个真正成功的营销案例。他不仅能在政治领域应对自如,还超越了本世纪的两个标志性品牌Google和iPhone。"

各党召开党内会议之前和每个重要的选举活动(包括党内会议和三次辩论——两次总统辩论和一次副总统辩论)之后,一项首次启动的5阶段调查对总统候选人潜力进行了分别追踪。研究表明,党内会议之前,两个候选人势均力敌,但是,自萨拉·佩林介入后,情况就迅速扭转。会议后阶段,麦凯恩的潜力净值增长了近50点,而奥巴马则降到了13.5点。第一轮总统辩论(当时到处充斥着有关全球经济形势的新闻)之后,形势彻底转变,奥巴马的潜力值不断上升,而自那以后麦凯恩的发展潜力则不断下降。10月8—10日的最后阶段,奥巴马的潜力净值达到了82.2点,受访者认为他的辩论表现以及近来的经济问题是其潜力提高的主要推动因素。

从这一段资料当中我们可以发现:奥巴马扭转劣势主要靠他的总统辩论。应该说,奥巴马一直都知道自己的优势所在。他虽然不擅长攻击性辩论,但他擅长说理和演说。他有媲美黑人歌手迈克·杰克逊富有磁性的嗓子,也有与马丁·路德·金旗鼓相当的演说天赋,所以,他充分地借这个优势来弥补自己的不足，挖掘自己的潜力。这就是奥巴马的聪明之处。很显然，他的这一策略帮助他走向了成功。

我们的所有弱点都是可以转化的，只要用足够的时间来思考它。一旦我们真正开始思考自己的弱点，弱点就很可能变为长处，种种创新的可能性也将不断地涌现出来。

美国前总统富兰克林·罗斯福在8岁时是一个非常脆弱胆小的男孩，他脸上总是一副惶恐的表情，他的呼吸就像跑步后的大喘气一样。每当被老师叫起来回答问题时，他都会双腿发抖，嘴唇不停颤动，回答得含糊不清，最后只能重新坐下。此外，因为长有一口龅牙，他也很不讨人喜欢。

换成其他的孩子，一定会对自身的缺陷十分敏感。但富兰克林·罗斯福却从不自我怜惜，他始终保持着积极乐观的心态和奋发进取的精神。他的自信激发了他无限的奋斗精神，他天生的缺陷使他明白自己更应该努力奋斗。

他从不因为同伴的嘲笑而自暴自弃，他喘气的习惯逐渐变成坚定的声音，他努力咬紧牙床不让嘴唇颤动，他用坚强的意志克服了自己的紧张。就是凭着这种奋斗精神，凭着这种积极的心态，他终于成了美国总统。

后来，已经没有人再关注他曾有过的严重缺陷了，他用自己的人格魅力赢得了美国民众的爱戴。

罗斯福用他的骄傲和成就彻底战胜或者说摆脱了自己的先天缺憾，就像经典电影《阿甘正传》的男主角一样，他的确有不如人的地方，但他因缺憾所产生的独特性却也是非常珍贵的，并且，抛去缺憾不提，在他所擅长的领域，他甚至做得比一般人更加出色。

掌握局势,突破局限性,才能形成新的优势。在把劣势转化为优势的过程中需要智慧,不能盲目地变,同时非常重要的一点是,你要非常熟悉你所在的环境以及背景,最好做到眼观六路、耳听八方,综合各种因素条件。只有对全局有通透、全面的了解,你才能知道什么是目前社会所缺乏的稀有资源,也就是什么是优势,才能把握好时间和空间的各种客观要素,最大限度地把劣势变成优势。

当阿诺德·施瓦辛格成为一名职业演员的时候,他有一个弱点:浓重的奥地利口音。这本来是一个弱点,但当奥地利口音和他扮演的动作英雄的魅力混合在一起出现在屏幕上的时候,他的弱点就变成了优点。口音成了他所塑造人物的一个特征,人们纷纷仿效。

从前,美国有一名杰出的踢踏舞舞者,他被称为"木腿贝茨"。贝茨在早年失去了一条腿, 这样的弱点会令大部分人放弃成为职业舞者的梦想。但对于贝茨来说,失去一条腿不是他的弱点,因为他把这种弱点变成了一种优势。他把一个踢踏板安装在木腿的底部,发展出了一种切分音式的踢踏舞风格,这使他在演出中脱颖而出。

基金募集大师迈克尔·巴斯奥福因为将不被看好的成员发展为最好的基金募集人而震惊西方世界,他很清楚怎么将弱点转化为优点。比如说,如果基金会有一个害羞的秘书,他就会让这位害羞的秘书成为"最佳的倾听者"。渐渐地,越来越多的人喜欢同这位害羞的员工谈话,因为她是一个绝佳的倾听者,她能让说话的人感到自己非常重要。

美国励志大师史蒂克·钱德勒曾对自己同别人交谈的能力没有自信,因此养成了给别人写信和写便条的习惯。熟能生巧,过了一段时间,他成了写信和写便条的高手。他把弱点转化成了力量,他写的信和便条拓展了他的人脉关系。

每个人都有弱点,不同的是,一般人让弱点成为羁绊,一事无成;成功者却能克服、甚至开发自己的弱点,把弱点转化为优点。世界是公平的,绝不会因为一个人身体有缺陷而剥夺他获得成功与幸福的权利,也不会因为一个人性格有缺陷而掩盖他的荣耀和风采。每个人都有着相同的机会,关键就看我们自己是否有信心、有毅力去把握它。

6.求变求新才能不断进取

只有不断在原有的基础上取得创新,才能让自己永远立于不败之地。有些人在取得了一定的成就之后,便自恃已有的成绩而不愿意再继续创新。然而,自己停下创新的脚步,却无法阻止别人创新的脚步,一旦别人有了更好的创意、更有趣的想法,不思进取的人就会有被淘汰的危险。

由奥巴马本人授权、亲笔作序的《我们相信变革》一书,在美国一上市就荣登亚马逊网站畅销书榜前列,受到了社会各界的关注。2009年,这本书在中国也非常畅销。在书中,奥巴马说道:"我们面对的问题已经不是过去的政策所能解决的,也不是照搬'新政'能够解决的,我们必须走一条全新的道路,我们必须变革。"

奥巴马相信,只有求变求新,才能不断进取。这本书详细地讲述了变革的意义和价值,并且详细阐述了各个需要变革的领域:想要摆脱经济衰退,使得美国重新成为全球经济的领头羊,就必须坚持变革推动经济发展,为所有的美国人创造机遇……

奥巴马上任之前的美国正逐步失去科技主导的地位,在所有工业化国家中,美国在国家科学、数学竞赛方面的分数并不是很高。在过去的30年里,联邦对物理、数学和工程科学的资助日益减少,其他国家却在大力增加其研发经费。

奥巴马认为,为了创建全面繁荣的景象,美国不能失去技术竞争能力。2009年上任伊始,奥巴马就着手推动科技创新。他承诺对21世纪新一代的创新者进行投资和授权,确保他们能够拥有需要的资源以在全球经济中竞争。

奥巴马提出,要运用科技手段应对21世纪面临的各项挑战。

提高美国人民健康水平需要求变求新,具体措施如下:加快医学研究成果产出公共卫生效益的转换过程;提高干细胞研究水平;利用基因组研究成果促进医学发展;关注疾病预防与健康发展……

加快美国国家和国土安全需要求变求新,具体措施如下:恢复美国国防部高级研究计划局对前沿技术研究支持的关键作用;加快新药品、新疫苗的研发及其向生物防御领域的应用;支持网络安全研发;提高美国的生产制造能力,保障美国的长远安全……

重塑美国制造业领域领导地位需要求变求新,具体措施有:发展下一代制造技术;对“制造业发展伙伴关系计划”的支持经费翻番……

信息技术需要求变求新,具体措施有:大力支持基础和应用信息研究计划;提高对联邦政府基础设施建设的科技投入,建设21世纪的科技政府……

国家想要发展,需要不断求新求变,个人也是如此。在如今这个信息社会,如果不经常更新自己的知识,就会很明显地感觉到自己跟不上时代的潮流。所以,我们必须不断更新自己的思想,才能适应不断发展的新社会。

生意场上最可怕的是认为万事不变：顾客不会变，他们会一如既往地购买自己的产品；委托人不会变，他们永远觉得你真诚可信；竞争对手不会变，他们将永远停留在原来的实力水平上。

成功的企业家和领导者绝对不会有这种墨守成规的想法。他们知道敏锐的洞察力和快速的反应能力是事业成功的关键，尤其在当今政治、经济飞速发展的时代，快速的应变能力尤为重要。

许多人在做出决策的时候往往只凭经验，而不去想环境发生了什么变化。他们会凭几年前的失败经验告诉你："老兄，5年前我就这么做了，根本行不通。"他们没有想到，5年后情况发生了变化，以前不适用的做法现在没准恰逢其时。

还有一种人，他们死死抱住以前的规矩，不敢越雷池一步，顽固地认为："这个方法5年前有效，现在当然还有用。"在他们看来，世界是静止的。

有一个小伙子靠在纽约大都会剧院门口兜售演出纪念品为生，当时剧院正上演著名指挥家索尔·赫罗克指挥的芭蕾舞剧。

那是个5月的星期二，天气晴朗，演出票销售一空，小伙子的纪念品也全卖了出去。又过一个星期，还是星期二，天气依旧晴朗，剧院上演着同样的舞剧，演出票又销售一空。可这一次，演出纪念品却一份也没兜售出去。

演出结束后，小伙子在剧院走廊上遇到了赫罗克，告诉他自己实在想不通原因。赫罗克的回答出乎意料的简单："因为这是另一个星期二。"

因此，在做新决定前，千万不要犯墨守成规的错误，不要以为你以前失败过现在还会失败，也不要以为你以前成功过现在还会成功。

日本的东芝电器在1952年的时候积压了大量的电扇,为了打开销路,7万多名职工搜肠刮肚地想了很多办法,但都是毫无起色。有一天,一个小职员想到了一个办法——改变电扇的颜色。当时,全世界的电扇都是黑色的,没有人想到电扇也可以做成其他颜色。这一建议引起了东芝董事长的重视。经过研究,公司采纳了这个建议。第二年夏天,东芝推出了一批浅蓝色的电扇,在市场上掀起了一阵抢购热潮,几个月之内就卖出了几十万台。从此以后,在日本乃至全世界,电扇都不再是一副黑色的面孔了。

一般人总以为跳跃是危险的,但事实上,跳跃也可以安全而快速。要创造跳跃式的突破,首先要舍弃目前惯有的商业模式,寻找周围被忽略的机会,并且学习其他产业创新的经营模式及想法。观察其他产业的经营模式之后,或许你会很惊讶地发现,很多原则应用到你的事业中也同样适合。最后,你将发现,花同样的时间、人力及资本,却可以达到更好的结果。

大多数人都对麦当劳的创立人雷蒙·克罗克的名字耳熟能详,但实际上,克罗克并不是最先创立麦当劳的人。麦当劳最先由麦当劳兄弟所创立,但他们未能预见麦当劳的发展潜力,将麦当劳的观念、品牌以及汉堡等产品卖给了从事销售工作的克罗克,让他继续经营。

克罗克以独特的行销策略将麦当劳以连锁店的形态推广至全世界,变成了今天规模数十亿美元的庞大企业。克罗克抓住了麦当劳兄弟原先忽略的机会,改变原有的经营模式,创造了自己事业生涯上的突破。

如果你以为,那些成功创新的人一定都是绝顶聪明的人,那你就错了。事实上,大部分的事业突破都是一般人在现有心智模式下产生的。关键不在于你够不够聪明,而在于你的态度:你是否愿意抓住机会,并且善加利用。

突破可能来自常识,一些看起来很普通的东西,只要敞开心胸去看,寻找更简单、更容易、更有效率的做事方法,就可以创造突破。

正如俗语所说:"穷则变,变则通。"当遇到困难时,不要立即认为难解决而泄气,不要被自己的想法、主观意识与既有的知识所拘束,重新坦诚地审视事态,往往会有意想不到的收获。

7.再忙,也要留出思考的时间

很多时候,我们宁可让岁月淹没在仿佛很有价值的忙碌当中,也不情愿拿出时间来进行思考,以至于思考总是在低水平的层次徘徊,最终一无所获。因此,在平时,我们应该养成勤于思考、善于思考的习惯,以此来发展我们的思维能力,提高我们的智慧水平,培养我们的创新思维和实践能力。

奥巴马在中学的时候就养成了勤于思考的习惯,并一直延续到现在。这个习惯的养成得益于他的母亲。

有一段时间,奥巴马的学习成绩直线下降,对未来也失去了信心,整个人都迷茫、不知所措。但在母亲的开导下,他逐渐开始思考,反思自己的困境,从书本、亲人身上汲取力量。进入纽约哥伦比亚大学后,奥巴马决定一切重新开始,彻底摒弃那些在西方学院养成的坏习惯。为了有一个崭新的开始,他甚至重新开始使用巴拉克这个名字。主修政治学期间,他定期参加黑人学生会组织的各种活动，包括反种族隔离抗议活动等。就在1983年毕业前夕，他决定把社团活动组织当作自己的事业来经营奋斗。他的行为方式体现了他思维的走势和发展方向，在他的自传中，我们也能够看到奥巴马思考的痕迹。

在自传《我父亲的梦想——种族和继承》的结尾，奥巴马写道："美国法律为我们提供了这样一个大的背景，从中我们了解到这个民族一直在与其良知进行着辩论：我们的社区是什么？这个社区究竟可以通过怎样的方式实现自由？我们能尽的义务有哪些？如何把权力变成正义、把情感转化为爱？在法律书里，我找到了令自己满意的答案——像布朗诉教育局案这类的案例中，为了私利和贪欲而放弃良知的情况比比皆是。但是，在美国的法律中，当听到来自各层面的声音和意见，我又深受鼓舞，深信只要我们仍然敢于提出这些问题，那么，把我们维系在一起的良知最终还是会占上风。"

再忙，也要留出思考的时间。有时候，一小时的思考胜过一周的忙碌，因为只有思考能帮助我们从无效走向有效，从有效走向高效。曾经有人说过这样一句话："思想需要经验的累积，灵感需要感受的沉淀，最细致的体验需要最宁静透彻的观照。"累积、沉淀、宁静、观照，哪一样可以在忙碌中产生？思考是创造力的有机土壤，不可或缺。苏霍姆林斯基说得好："正像肌肉离开劳动和锻炼就会变得萎缩无力一样，智慧离开紧张的动脑，离开思考，离开独立的探索，就得不到发展。"

奥巴马在上大学之前，一个老黑人弗兰克对他说："大学教育很大程度上是白人用来愚化黑人的一种手段。"他劝告奥巴马，可以接受大学的教育，但不能被大学教育改变思想。来到大学后，通过观察，奥巴马发现西方学院里的大多数黑人对"造反"并不感兴趣。看到这个现象，他开始理性地、客观地思考:"两种肤色之间的仇恨真的不可化解吗?"

对于种族问题的理性思考,奥巴马从来没有停止过。有一次,他和米歇尔一起看一场名叫《做该做的事》的电影,影片讲述了看似和谐的美国依然存在很严重的种族矛盾。表面上看,黑人和白人正融洽地生活在一起,但彼此的内心都充满了各种各样的情绪,很多时候,只要一点儿小小的摩擦便能引起很大的误会……看完电影之后,奥巴马和米歇尔便思考着,对于他们这一代人,应该为更为美好的未来做些什么?

奥巴马在参加总统竞选的时候,针对种族问题提出了包容、理解的意见,这和过去很长时间的思考是分不开的。

善于思考对于一个成功人士来说是必要的品质。

最早完成原子弹核裂变实验的英国著名物理学家卢瑟福曾经问自己的一名学生:"这么晚了,你还在干什么?"学生回答:"我在工作。"卢瑟福又问道:"那你白天的时候干什么呢?"学生回答:"也在工作。"于是卢瑟福问:"这样一来,你什么时候才会思考呢?"

其实,工作的过程并不影响我们思考。当我们忙碌起来,没有伴随着理智的思考,我们的工作常常会忙而无效,做出的很多将是无用功。只有善于思考,别让大脑闲置下来,才能取得成绩。

牛顿23岁时,伦敦发生了鼠疫。剑桥大学为了预防学生感染,暂时关闭了学校。虽然离开了学校,但牛顿从来没有停止过思考,万有引力、微积分、光的分析等基础工作,都是在这个时期完成的。

当乡下的孩子用投石器把石头抛得很远的时候,他就开始思考:是什么力量使得投石器里的石头在空中转动的时候掉不下来呢?他想到了伽利略的思想,从浩瀚的宇宙太空,从行星、月球到地球,进行复杂的思考。他想到这些物体的相互作用,进而扎进了"力"的计算和验证中。通过计算太阳系各行星的行动规律,他首先推求出了月球与地球的距离,后来又推翻了自己的计算……

牛顿反复辛勤地思考着,整整经过了7年,在他37岁时,著名的"万有引力定律"被全面证明了出来,这一理论奠定了天文学、天体力学的理论基础。

此外,牛顿还对光进行了思考研究,发现了颜色的根源。

有一回,他用自制的望远镜观察天体,但无论怎么调整镜片,视点总是不清晰。他思考着:可能与光线的折射有关。于是,他开始实验。实验结果让他得出结论:世界万物所有的颜色并非其本身的颜色,而是吸收它所接受的颜色。这一学说准确地道出了颜色的根源,世界上自古以来所出现的各种颜色学说都被推翻了。

通过自己的勤奋努力去死记硬背别人的东西,确实也能让我们知道很多知识,但那些知识并不是真正属于我们的。真正属于我们的知识需要通过自身努力的思考才能得到。

孟子曾经说过:"劳心者治人,劳力者治于人。"许多人没有思考的习惯,遇到事情总是凭着直觉去处理,这样的人很容易受到情绪的影响,别人的言论也有可能会让他不知所措,最终落入"治于人"的圈套中。

学而不思则罔。当我们日复一日、年复一年地重复着相同的事情,我们就会日趋麻木,我们的思维也会日趋老化,就更别提去思维创新,开创新局面了。所以,朋友们,即使再忙,也要留点时间给自己思考!

第四章

决策管理，领导者的核心能力

1.决策，不可缺少的领导力

作为领导者，在其综合素质上，有三方面是属于核心能力的，即决策、用人、专业。而这三方面侧重点又各不相同：对于领导者来说，最重要的是决策，占47%；其次是用人，占35%；专业只占18%。

2009年末，奥巴马给自己入主白宫后的表现做了一个总结。他说："我对自己第一年的工作表现并不满意，但我起码证明了，面对艰难决策，包括那些不受人欢迎的决策，我是敢拍板的！"

在就职演说中，奥巴马曾说过这样一段话："无论我们把目光投向何处，都有工作在等待着我们。经济形势要求我们果敢而迅速地行动，我们将不辱使命——不仅要创造新的就业机会，还要打下新的增长基础。我们将建造道路和桥梁，架设电网，铺设承载我们的商务和把我们紧密相连的电子通信网络；我们将恢复尊重科学的传统，利用高新技术的超常潜力提高医疗保健质量并降低成本；我们将利用太阳能、风力和地热为车辆和工厂提供能源；我们将改造我们的中小学和高等院校，以应对新时代的挑战。这一切我们都能做到，这一切我们必将做到。"

他还直面美国当前存在的所有严重问题。他直面深陷泥潭的伊拉克战争，承诺将会以负责任的方式将伊拉克交还给伊拉克人民，并宣布美国将在未来18个月内从伊拉克撤离大部分军队，结束在伊拉克的作战任务；他直面全球多元文化中的矛盾与冲突，直面全球化浪潮下的发展不平衡，强调要以共同利益和相互尊重为基础，寻找出一条新的前进道路；他直面冲击着全球的金融海啸所带来的种种危情——失业、倒闭、能源的枯竭、举国的信心危机等，并选择了希望，选择了团结，选择了坚韧，选择了果敢而迅速地行动。在面对危机时期，政府所应发挥的作用的时候，他不去与大家争论"政府的大小"，而是反复强调它们是否"行之有效"。因此，他主张选择有效的方案，终止无效的方案。他的果敢决定为他赢来了广泛的民心，也造就了他的成功。

到底何谓决策？对于这个问题，先来看一个有趣的测验。

荷叶上有3只青蛙，其中1只青蛙决定跳下水。请问：过了一会儿，荷叶上还有几只青蛙？

有人说，荷叶上还有2只青蛙。这是最简单的算术：3-1=2。

有人说，荷叶上还有1只青蛙，给出的理由是青蛙也像人一样，对环境的变化和事态发展有判断力。如果荷叶上有1只青蛙跳下水，按从众心理理论分析，估计荷叶上另外2只青蛙跳下水的概率各为50%，由此推断，荷叶上还剩下1只青蛙。

这两种答案符合一般人的思维习惯。实际上，问题并没有这么简单。

答案是：荷叶上还有3只青蛙。

为什么会得出这一结论呢？请重新读一遍问题：荷叶上有3只青蛙，其中1只青蛙决定跳下水（请注意"决定"两个字）。

明白了吗？决定跳下水的那只青蛙只是做了一个决策而已，而实际上并没有真正行动，它还站在荷叶上。

在20世纪80年代，日本的存储器以极低的价格迅速占领全球存储器市场，英特尔被挤出了原本属于它们的市场领地。到1985年秋，英特尔已连续六季度出现亏损，业界开始普遍怀疑英特尔是否能继续生存下去。作为英特尔的领导者，安德鲁·格鲁夫必须做出决策。

在办公室里，格鲁夫与董事长摩尔单独会谈，那时，英特尔已在争论中徘徊了一年。格鲁夫问摩尔："如果我们下了台，你认为新当选的CEO会采取什么行动？"

摩尔犹豫了一会儿说："他会放弃生产存储器。"

格鲁夫坚决地说："你我为什么自己不走出这个怪圈呢？"

实际上，这个决心是很难下的，因为在当时，英特尔就等于存储器。最终，格鲁夫说服了摩尔，他力排众议、顶着重重压力，坚决砍掉存储器的生产，而把生产微处理器作为英特尔的新利润增长点。

到1992年，英特尔在微处理器上的巨大成功使它成了世界上最大的半导体企业。1987—1997年的10年间，英特尔的年投资回报率平均高于44%，格鲁夫也两度被《商业周刊》评为全球最佳企业领导人。

格鲁夫的决策拯救了英特尔。他认为："在一个企业感到自己即将被激流和旋涡吞没时，往往也是企业面临着一个新的战略转型的时候。在这时，犹豫不决只会使威胁变得更大，这个时候最需要领导者当机立断。"

决策就是从两个或两个以上的未来行动方案中选择一个最优方案的过程。决策力就是适时做出重大决定的能力,是企业家为维持企业生存必须具备的、最起码的素质。

领导者的决策会对其组织成员产生不可估量的影响。"运筹帷幄,决胜千里",决策正确乃成事之始;"一招不慎,满盘皆输",决策失误即败事之趋。决策的正确与否,往往决定着企业或组织的兴衰存亡。

成功始于果敢的决策。机会对每个人来说都是平等的,关键看我们能不能果断地抓住能促使我们成功的机会。

2.决定了的事,就不再犹豫

奥巴马曾经的强大竞争对手希拉里在接受《纽约人》杂志采访的时候,这样评价奥巴马:"他聪明睿智、坚韧果敢,具备成为总统的素质。"就职时所许诺的一切,奥巴马都在他的任期内以最大的果断行动能力落实了。

在关于伊拉克撤军方面,奥巴马在2008年竞选之初就阐述了撤军意愿:"把我们的军队长久地停留在伊拉克不是一个选择,尤其是在我们的军力过于分散、国家被孤立、其他所有的威胁都被忽视的情况下。尽管当初介入时如此草率,今天我们必须谨慎地撤出伊拉克,撤退行动必须从现在就开始。"

当选总统之后,奥巴马并没有犹豫,而是迅速制订了撤军计划。2009年的2月份,他公布了自己的计划:作战部队将在18个月内陆续撤出,大约撤出10万人的作战力量,将在伊拉克保留5万训练人员和顾问。另外,根据美国与伊拉克政府达成的安全协议,所有驻伊美军作战部队必须在2011年底之前撤离伊拉克。这个时间大幅快于美国上届政府考虑的时间表。

2011年10月21日,奥巴马宣布,美军将在年底把驻伊拉克军队全部撤出,美国与伊拉克将建立以共同利益和相互尊重为基础的平等伙伴关系。他兑现了自己的诺言:"如此前所承诺,我们的军队将在年底前全部撤出伊拉克,经过近9年的时间,美国在伊拉克的战争即将结束。"

面对经济危机,奥巴马说:"必须立刻行动起来,每推迟一天着手扭转我们的经济,就会有更多的人失去工作、积蓄和住房。如果不采取任何行动,这次经济衰退就有可能持续数年。"无论是医疗保险还是其他的政策,奥巴马决定了的事情都在稳步地落实。他的第一任期让人们看到了他的果断风格,这为他的第二任期继续执政铺平了道路。

只要是决定了的事情,那就立刻行动起来,不要多想,不要犹豫,当机立断往往能够取得让人意想不到的成绩。

1857年,年轻的摩根从德国哥廷根大学毕业,进入邓肯商行工作。一次,他去古巴哈瓦那为商行采购鱼虾等海鲜归来,途经新奥尔良码头时,他下船在码头一带散步。突然,一位陌生的白人从后面拍了拍他的肩膀,问道:"先生,想买咖啡吗?我可以出半价。""半价?什么咖啡?"摩根疑惑地盯着陌生人。陌生人马上自我介绍说:"先生,我看您像个生意人才找您谈的。我是一艘巴西货船船长,为一位美国商人运来一船咖啡,可是货到了,那位美国商人却已经破产了。先生,如果您能买下,等于帮了我一个大忙,我愿意半价出售。但有一条,必须现金交易。"为了买下那船咖啡,摩根挪用了刚收到的属于邓肯商行的欠款。之后,他立刻求助于在伦敦的父亲,父亲同意他用自己伦敦公司的户头偿还挪用的商行的钱。得到父亲的支持后,摩根大为振奋,索性放手大干一番,在巴西船长的引荐下,他又买下了其他船上的咖啡。

摩根初出茅庐,做下如此一桩大买卖,不能说不冒险。但上帝偏偏对他青睐有加,就在他买下这批咖啡不久,巴西便出现了严寒的天气,致使咖啡大量减产。之后,咖啡价格暴涨,摩根由此大赚了一笔。

毫不犹豫是为了不要错过机会。机会稍纵即逝,当机会来临时,善于发现并立即抓住它,要比貌似谨慎的犹豫好得多。想要获得机会,就必须先消除犹豫。

德国小说家亨利希·曼曾经说过:"果断获得信心,信心产生力量,而力量是胜利之母。"有时候,我们做事优柔寡断是因为我们不够自信。一个人总是对自己做事的能力表示怀疑,不相信自己的判断,就会导致在行动上缺乏果断。因此,学会自信是让自己变得果断的一个方法。

企业家做战略决策需要眼光和魄力,也需要智慧。而面对千载难逢的机会,面对瞬息万变的市场,有时决策必须快,必须当机立断,否则便会贻误战机,铸成大错。

那么,想成为领导者的你是否具有决策力呢?身为领导者的你是否是一个优秀的领导者呢?做完下面的测试,你就会知道了。

测试开始

(1)你的分析能力如何?

A.我喜欢通盘考虑,不喜欢在细节上考虑太多

B.我喜欢先做好计划,然后根据计划行事

C.认真考虑每件事,尽可能延迟应答

(2)你能迅速地做出决定吗?

A.我能迅速地做出决定,而且不后悔

B.我需要时间,不过我最后一定能做出决定

C.我需要慢慢来,如果不这样的话,我通常会把事情搞得一团糟

(3)进行一项艰难的决策时,你有多高的热情?

A.我做好了一切准备,无论结果怎样,我都可以接受

B.如果是必需的,我会做,但我并不欣赏这一过程

C.一般情况下,我会避免这种情况,我认为最终都会有结果的

(4)你有多念旧?

A.买了新衣服,就会捐出旧衣服

B.旧衣服有感情价值,我会保留一部分

C.我还有高中时代的衣服,我会保留一切

(5)如果出现问题,你会怎样?

A.立即道歉,并承担责任

B.找借口,说是失控了

C.责怪别人,说主意不是我出的

(6)如果你的决定遭到了大家的反对,你的感觉如何?

A.我知道如何捍卫自己的观点,而且通常我依然可以和他们做朋友

B.首先,我会试图维持大家之间的和平状态,并希望他们能理解

C.这种情况下,我通常会听别人的

(7)在别人眼里,你是一个乐观的人吗?

A.朋友叫我"啦啦队长",他们很依赖我

B.我努力做到乐观,不过有时候,我还是很悲观

C.我的角色通常是"恶魔鼓吹者",我很现实

(8)你喜欢冒险吗?

A.我喜欢冒险,这是生活中比较有意义的事

B.我喜欢偶尔冒冒险,不过我需要好好考虑一下

C.不能确定,如果没有必要,我为什么要冒险呢?

(9)你有多独立？

A.我不在乎一个人住，我喜欢自己做决定

B.我更喜欢和别人一起住，我乐于做出让步

C.我的配偶做大部分的决定，我不喜欢参与

(10)让自己符合别人的期望，对你来讲有多重要？

A.不是很重要，我首先要对自己负责

B.通常我会努力满足他们，不过我也有自己的底线

C.非常重要，我不能贸然失去与他们的合作

计分标准：

选A得10分，选B得5分，选C得1分，最后计算总分。

测试结果：

24分以下：差。你现在的决策方式将导致"分析性瘫痪"，这种方式对你的职场开拓来讲是一种障碍。你需要改进的地方可能有下列几个方面：太喜欢取悦别人、分析性过强、依赖别人、因为恐惧而退却、因为障碍而放弃、害怕失败、害怕冒险、无力对后果负责等。

选项A代表了一个有效的决策者所需要的技巧和行为，做一个表，列出改进你决策方式的办法，同时，考虑阅读一些有关决策方式的书籍或咨询专业顾问。

25~49分：中下。你的决策方式可能比较缓慢，而且会影响到你的职场开拓。你需要改进的地方可能是下列一个或几个方面：太在意别人的看法和想法、把注意力集中于别人的观点之上、做决策时畏畏缩缩、不敢对后果负责等。这需要你调整自己的心态，并做一个表列出改进你决策方式的办法。

50~74分：一般。你有潜力成为一个好的决策者，不过仍然存在一些需要克服的弱点。你可能太喜欢取悦别人，或者你的分析性太强，也可能你过于依赖别人，有时还会因为恐惧而止步不前。要确定自己到底在哪

些方面需要改进,你可以重新看题目,把你的答案和选项A进行对照,做一个表,列出改进你决策方式的办法。

75~99分:不错。你是个十分有效率的决策者,虽然有时你可能会遇到思想上的障碍,减缓你前进的步伐,但你有足够的精神力量继续前进,并为你的生活带来变化。不过,在前进的道路上,你要随时警惕障碍的出现,充分发挥你的力量,这种力量能决定一切。

总分100:很棒。完美的分数!你的决策方式对于你的职场开拓是一笔宝贵的财富。

3.千万不能盲目乐观

自信给人勇气,使人做出大胆的决策。但过分自信、盲目乐观就成了自不量力,最终毁人毁己。

奥巴马的理想是改变美国的现状,消除种族之间的隔阂,以此来建立一个"更完美的联邦"。为了实现这个理想,他走上了艰辛的总统竞选之路。虽然奥巴马心怀远大的理想,但他很理智。他说:希望不是盲目的乐观主义,希望不是忽视未来的艰巨任务或横亘在我们前行道路上的障碍,希望不是置身事外或从拼搏中退缩。希望是我们心中坚守的一种东西:它告诉我们,不管遭遇多少艰难险阻,只要有勇气去争取,只要愿意付出努力和艰辛,更好的东西就会等待我们。

要有理想,但不能理想化。这句话就是在告诫我们,在追求理想的过程中应该保持冷静的思考。现实和理想之间总会存在一段距离,美化理想或者是美化追求理想的过程都会让自己迷失,从而导致自己既认不清自己的现状,也看不清形势的发展。

生意场上会时时传来各种好消息与坏消息,我们常因好消息而忽略了坏消息的存在。

比如,某公司为了把一种新型洗发香波投放市场做了一个市场调查。调查结果显示:58%的消费者对这种香波表示认可。这是一个令人鼓舞的数字,它说明超过一半的消费者会去购买这种产品。

不过,事情还有另一面:42%的消费者不喜欢这种香波,这又说明有将近一半的人会拒绝使用这种产品。人们往往只看见那58%,却看不见这42%。他们沉浸在58%所带来的喜悦之中,殊不知,如果他们能再稍微关心一下那42%,结局也许会更完美。

好消息就这样把你带入了自满自足的境地, 它能削弱人的积极性、上进心。

有一位网球选手,经过多年苦练终于拥有了世界第七的排名。她能轻松地对付那些排名不如她的选手,却从来没有击败过排名在她前面的选手。在这样的事实面前,存在两种截然相反的态度:她可以认为自己排名世界第七,成千上万的网球选手都不可能与她同日而语;也可以加紧苦练,向排名第六位的选手发出挑战。

成功的领导者绝对不会高估自己,他们会三思而后行,绝对不会为似是而非的好消息而盲目乐观。

并非做任何事、做任何决定都能保证我们没有一点失误,每个人都一样,常常在情况不明中做出错误的决策。容易使人产生错误而被误导的情形主要有以下几种。

(1)情况不明

有位经理从不认为与之打过交道的人都要记住自己的名字。因此,每当第二次见面时,如发现对方已记不起自己的名字,他总是会主动上前自我介绍,以避免重提过去的事而使人感到难堪。

类似情况时常在商务谈判中出现,有人因为初次见面的拘谨而不好意思将自己不清楚的地方提出来,贸然参加谈判,甚至不认真思考就匆忙决策,没有仔细反省一下,这样是否妥当。

(2)真理并非在多数人手中

靠多数人的意见来做决策并不能保证完全正确。在讨论中,坐在会议室的人都讲同样的话并不是件好事,这里必然有其他因素作怪。当领导者讲完或同人发言时, 迫于领导者的威严或不愿与同人争执而伤和气,不少人总是予以附和,讲出雷同或不痛不痒的意见。这往往会使会议主持者和决策人难以了解真实情况,靠此做决定自然会脱离实际。

这种随大流的思想不过是犯了"多数人的想法不会错"这种认识上的错误。正确的做法是,认真听取大家的意见后,经过论证和思考,等人都走后,自己再做决定。

(3)别被美妙的语言迷惑

有两个投资合作项目,一个成功的机会是80%,另一个有20%失败的可能,你选哪一个呢? 实际上,这两个项目成功与失败的概率对等,只不过前者只提成功,而后者强调了失败。但常理中,多数人会选中前者,原因很简单,成功的字眼顺耳,使人兴奋。精明的销售员会用自己的口才去向顾客描述产品优质、齐备的功能,以讲"好"来推销。但聪明的顾客不会被这表面现象和技巧所迷惑,他会根据多方面的观察做出自己买与不买的决定。

(4)不过分迷信经验

许多商人总爱用老办法来处理新问题。实际上,过去的辉煌已成为历史,不一定就适合当前已经变化了的世界,如果你仍用以前的框框来指导目前的生意,期望从中找到共同之处,那只会使你失去更多认识新事物、把握其特殊性的机会。因此,正确的原则是:过去的经验是成功的总结,但并不一定就是包治百病的灵丹妙药。

(5)不忽略基础数字

领导者都有这样的体会:与基层职工在一起交朋友,会使你得到更多在高级职员那听不到的信息。真正准确的报表应该是来自各个车间工段。不少经理忽视了报表的作用,对来自各方面的信息和数字,只要与自己的主张对路,就认为业务上没问题,而不愿多下些功夫去挖掘更深一层的情报资料。

例如,总经理问销售经理:"这个月汽车销售情况如何?"他回答:"行情不错,已有50辆车被客户预订了。"如果掌握的信息更多,就会汇报说:这个月销售量与上个月或与去年同期相比情况怎样,与竞争对手比较又是如何;从50辆车的选型看,哪种品牌、哪种价格的车行情看好,我们应采取哪种促销手段就能卖出更多数量的车等。这些情况,对于每一个承担推销任务的人来说,都应该了解清楚。

4.善于发挥团队决策效益

很多时候,决策的形成不是由个人决定的,必须采纳团队成员的意见。不过,常常发生的情况却是,花了很多时间,却没有达成任何结果。领导者必须视情况的不同采取最有效的决策形式,激发最多的创意。

奥巴马在竞选中雇佣了各种专业团队,包括参谋、网络、宣传、服装造型师、高科技研发师等。2011年,奥巴马仅在芝加哥就雇佣了200多名员工,比罗姆尼全国的竞选人数总和还多。梅西纳说道:"我们在全国有众多工作人员,他们四五年来一直在这个竞选筹备系统中工作,经验丰富,这些是罗姆尼等共和党候选人所欠缺的。"

奥巴马2011年的竞选总部占地5万平方英尺, 几乎是2008年的两倍。在竞选办公室里,工程师们奋力敲击着键盘,他们在进行一种新的研究:如何在iPhone手机、社交网站和微博上创造新的传播模式以求更有效地传递信息。

创新官员迈克尔·斯拉比透露:为了研究选民的身份和需求,团队要开发一种电脑程序,用以梳理选民的行为模式信息。有了这些信息,竞选团队就可以更有针对性地与选民进行互动,改善资金筹措等工作。比如,团队可以根据选民诉求向不同的选民发送不同宣传口号的视频,以展示奥巴马对选民的体贴入微。

与2008年比较起来,奥巴马的团队想出了更加有效利用竞选义工团队的方式,以一个全新的网名取代了过去的MyBarackObama.com,在新网站上,竞选义工不需要创建用户名,不需要上传照片,只需要利用脸谱账号就可以立即登录竞选办公室的任何网站。这样能更加有效率地发挥义工团队的作用,竞选团队也能凭此及时地关注到选民,并了解选民的自身特色。

奥巴马的技术团队也同样非常关注智能手机。2010年11月时,奥巴马团队重新设计了他们的宣传网站,不仅能使得所有移动终端用户都能浏览该网站,还能让民众更加容易地通过手机网站登记成为竞选义工和奥巴马的支持者。

奥巴马的成功源于他是一个集大成者,他会从周围人可提供的信息中挑选出对他有帮助的,并重新将其编汇融合在一起,最终形成一个新的、富有机智与创意的完整体系。

另一位总统也是如此。

鲍勃·鲁宾是克林顿政府经济决策的关键性人物。克林顿总统把鲍勃·鲁宾当作他经济领域的栋梁之材,给予其足够的信任。鲁宾是一个沉稳的人,他总能够把各项经济政策的制定综合起来加以分析,提出明智的建议。

鲍勃·鲁宾是经济学领域首屈一指的专家,而克林顿也是一个极其聪明的学生,他很快便掌握了对经济问题做出明智判断的能力。克林顿上任时对一些经济问题并不了解,他是一路学过来的。尽管学习的进程杂乱无章,但每到危急关头,他总是可以做出决断,而且决断总是非常的正确。

在说服克林顿接受削减预算的重要计划时,鲁宾说服克林顿严格遵守北美自由贸易区协议,尊重联邦储备局的独立性,同时,他还建议克林顿给予墨西哥经济上的帮助。在20世纪90年代的中期和末期,当亚洲金融风暴席卷而来时,他促使克林顿政府给予相应的帮助。

1993年,克林顿经常私下透露说艾伦·格林斯潘把利率控制得过紧,克林顿企图通过大众媒体来谴责格林斯潘的行为。但鲍勃·鲁宾却站在椭圆形总统办公室里克林顿的桌前对他解释说,总统的言论只能激起美联储主席强烈的自尊,反而会导致利率更加大幅上扬。克林顿冷静地考虑了一下,把他对联邦储备局的不满强压在心里。在以后的日子里,克林顿尊重格林斯潘主席的各项决定,并再次任命他主席之职。

在这些人的帮助下,克林顿政府的经济得到了极大的繁荣。

成功的领导者善于听取各方面的意见,精选其中最佳方案,并把这些观点融合在一起,形成唯一的大众方针,促使整个进程向前迈出更广阔的一步。

(1)平均所有人的意见,由负责人或领袖做最后的决定

由领导人询问每一个人的意见,集思广益,最后找出解决之道。如果

无法立即集合所有人开会,这会是不错的方法。但缺点是,团队成员缺乏互动,而且成员并没有真正参与决策过程,对于决策的承诺度偏低。

应该由每一个人分别提出自己的想法,然后针对每一个想法或提议相互讨论,由最高负责人或领袖做最后的决定。这种方式的好处是经过充分的讨论,可以让决策更为准确。但有可能发生成员彼此之间相互竞争、突显自我意见的情况。而且,团队成员通常会说出领袖想听的意见。

(2)少数原则

由团队的少数人,例如不超过团队总人数的一半做出决定,像主管级会议就属于此种方式。不过,有时候如果需要决定的事项很多,而时间又不够,也可以考虑采用这种方式。

(3)多数原则

这是最常见的一种决策形式。所有人共同参与讨论,当一半以上的成员达成共识时便结束讨论。因此,如果没有足够的时间让所有人达成共识,执行决策时又需要多数团队成员的支持,便可以采用这种方式。

(4)所有人达成共识

透过有效的沟通过程,达成集体的共识。这是最有效的集体决策方法,不仅所有人都能表达自己的想法与感受,而且每个人的意见都被充分的尊重。但最大的缺点是非常耗费时间。

团队决策最重要的目的之一,就是希望透过彼此的脑力激荡,每个人尽可能想出最多的点子,这样可以找出最好的方法。但想让多数人都同意,这个过程常常令人痛苦不堪,而且成效不大。

领袖要善于调动人们的积极性,运用大家的力量进行决策。同时,也要注意倾听不同的意见,激发人们的想象力,充分发挥组织团体全部成员的智慧与潜能。可以利用组合出新意、联想出新意、理解出新意等创造学的原理,鼓励参与决策者敞开思想,畅所欲言,相互激励,相互启发。

5.要有高瞻远瞩的超前能力

美国作家唐·多曼在《事业革命》一书中说:"把眼光放长远是踏上成功之路的一条秘诀。"成大事者多是具有远见的人,因为只有把目光盯在远处,才能有大志向、大决心和大行动。做事要高瞻远瞩,做长远打算,不要总是想着既得利益,面向未来才是真正的远见卓识。

奥巴马与罗姆尼在第二场总统候选人辩论会上,同时面对大学生杰洛米提出的所有中产阶级都关心的就业问题。罗姆尼首先回答称,奥巴马政府让财政赤字高涨,这意味着更多的工作岗位流失。他随后列举了自己为工作岗位创造的计划,并对杰洛米许诺:"如果我当选总统,两年后,你毕业时肯定能找到工作。"

奥巴马随即对罗姆尼的说辞进行了回击,并说道:"我的就业计划面向更光明的未来,通过扶助美国制造业、发展教育和能源独立等手段,你和美国的未来都将非常光明。"

在此次辩论中,奥巴马多次强调:罗姆尼的政策缺乏远见,没有立足于美国更为长远的未来。

奥巴马具有高瞻远瞩的超前能力,他的气候政策充分证明了这一点。在第二次就职演说中,奥巴马热情洋溢地说道:"我们将应对气候变化的威胁,认识到不采取措施应对气候变化就是对我们的孩子和后代的背叛。一些人可能仍在否定科学界的压倒性判断,但没有人能够避免熊熊火灾、严重旱灾、更强力风暴带来的灾难性打击。通向可再生能源利用的道路是漫长的,有时是困难的,但美国不能抵制这种趋势,我们必须引领这种趋势。"

奥巴马的气候政策得到了很多有远见卓识的人的支持，在2008年的大选中，美国科学界61位诺贝尔奖获得者宣布支持奥巴马，诺贝尔医学奖获得者、美国纽约纪念斯隆—凯特琳癌症中心主任，同时也是奥巴马竞选顾问的哈罗德说："奥巴马许诺的对基础性研究的资助是持久而可预见的增加。"

2012年时，纽约市长布隆伯格表态支持奥巴马，他说："奥巴马采取了重要措施以抑制碳排放，而罗姆尼在气候变化问题上的立场则摇摆不定。"

市场就如同一个没有硝烟的战场，同行业之间的竞争已经发展到了白热化的程度。谁在经营管理决策上善于筹谋、具有前瞻性，谁就有可能在市场上领先一步，抢占制高点；而相反，如果目光短浅，只顾眼前，缺乏长远思想和深谋远虑，其结果只能是永远当"追随者"。

里根也是一位具有长远眼光的总统。里根任职美国总统之前，美国的经济问题已非常严重，国内通胀率很高。里根制定了自己特色的"放任主义"政策，很多人批评他的政策将损害人民的利益，有人甚至称他的政策是"劫贫济富"。但他着眼长远，政策实施后，美国经济在历经1981—1982年的急剧衰退后，于1982年开始了非常茁壮的成长。最底层的贫穷人口的收入提升了6%，最富有的人也增加了收入。

能不能做到放眼长远、预见未来，对于做决策的人来说，无疑是非常重要的。如果我们只懂得精于眼前利益，那就犹如"一叶障目"，眼前的小利发展到最后也许会给我们带来更大的损失。只有具有高瞻远瞩的眼光，才能获取长远利益。

那么，做决策时，我们应该怎样从长远去考虑呢？

(1)决策质量的重要性

决策有较高的质量要求吗？是否由于质量要求而使得某种决策方式比另一种方式更合理？对决策质量的要求会影响到决策方式的选择：时间压力不大、问题能否解决事关全局、需要发挥创造性、需要被下属广泛接受时，要采用团体决策；时间紧迫、问题能否解决不影响全局、有先例参考时，可以采用个人或小组决策。

(2)管理者为做出高质量的决策所掌握的信息和技能的程度

为做出高质量的决策，管理者掌握了足够的信息吗？管理者的技能是否有利于做出高质量的决策？如果只是信息不够，那就需要从多方面搜集信息；如果只是技能不够，那就需要依靠领导小组的集体智慧；如果信息和技能都不够，那就要尽可能地集思广益了。

(3)问题的结构性程度

需要解决的是什么结构类型的问题？结构良好的问题(问题直观、目标明确、信息清楚且完整、方案结果确定、有先例)一般按照相应的规则与政策采用程序化决策，非结构性问题(问题新颖、唯一、不经常发生、信息不完全且模糊、无先例)一般要创造性地采用非程序化决策。

(4)下属对决策的接受或赞许程度是不是有效执行决策的关键

是不是只有下属所接受的决策才能有效地执行？如果下属心里没有接受决策，但决策确实需要贯彻执行，是否有相应的规章制度保障下属不会故意犯错？如果相应的规章制度不够完善，管理者一定要设法提高下属对决策的接受程度。只有下属接受决策，才会认真执行决策。

(5)管理者自行决策被下属接受的可能性

是否只有通过团体决策，下属才能够接受？如果管理者自行决策，是否肯定能为下属所接受?这需要管理者对自己的真实影响力(包括经验、权威、知识、水平、魅力、权力、人缘等多种因素)进行评估。简单地认为自己做出的决策只要没人反对，就是普遍接受，这对于解决问题是有害无益的。

(6)下属对明确清晰的组织目标所表现出的积极程度

下属是否把解决工作问题所要达到的组织目标当作自己的目标？如果下属认为公事是公事、私事是私事,"公私分明",这肯定是不行的。管理者一定要设法将组织的目标转化为下属的目标,将组织的利益转化为集体的利益,毕竟"人们的一切奋斗都与他们的利益有关"。

6.谨慎承诺,只说自己能做到的

中国历史上推崇"诚贾""良贾",主张诚信经商,守信用、重承诺。儒商的商业诚信曾被马克斯·韦伯视为中国伦理的一个特质而加以赞扬。孔子说:"君子言必信,行必果。"要求人们讲真话、办实事,答应了的事,签订了的契约合同,即使出现意外情况,也要全力以赴,实施兑现。

很多政客因为想要拉拢选民,总是说一些讨好选民的话,向选民开"空头支票",甚至经常改变自己的观点,导致前后矛盾,最终失去了选民的信任。奥巴马不同,他是一个信守承诺的人。

奥巴马曾说:"政府不能解决所有的问题,却可以做到一个普通人无法完成的事情,保护每个人免受伤害,给每个孩子提供正规教育,使得街道水源保持干净,孩子的玩具安全无害,投资新的学校、新的道路,以及新的科学技术领域。政府是为人民工作的,而不是与民众作对。"

2010年9月6日,奥巴马公布了大规模交通基础设施更新及扩建计划,该项目初期计划投资500亿美元。奥巴马承诺,在接下来的6年里,政府将大规模重建或修复公路、铁路和机场跑道。

9月8日，奥巴马公布了2000亿美元的企业减税提议和1000亿美元的企业研发税收优惠计划，并说明了实施这两项措施的目的：促进企业吸纳人才。这项措施将使得大约150万家企业受益。

奥巴马实行的这些政策都是他竞选时庄重向美国民众承诺过的。总额高达3500亿美元的针对性很强的经济政策，其中属于劳动密集型产业的大规模交通基础设施建设可以带动大批"蓝领"就业；企业减税提议在促进失业人员的就业方面能够达到良好的效果；而企业研发税收优惠计划是一个长远的就业计划考虑……奥巴马在竞选中许诺的一切都按部就班地贯彻了下来。

只说自己能做的，是一种对自我能力的正视，更是一种坦承，任何想要成功的人都必须具有这种端正实际的办事态度。承诺自己办不到的事，虽然能逞一时之快，但终究会害到自己，因为这样做会给人留下不诚信的印象。

我们不应轻易许诺，但许诺了就要做到。

有一次，大哲学家康德计划去拜访住在一个名叫珀芬的小镇的老朋友威廉·彼特斯。康德出发之前写信给彼特斯，说自己将于某日上午11点钟之前到达。

为了能准时与朋友见面，康德在约定日期的前一天就赶到了珀芬小镇，老朋友住在距离小镇12英里远的一个农场里。第二天早上，康德租了一辆马车前往彼特斯的家。从小镇前往农场会途经一条河，细心的车夫把马车驾到河边就停了下来，他说："真是很抱歉，先生，桥坏了，我们现在不能从桥上通过，很危险。"

康德从马车上下来，发现桥的中间确实出现了断裂。当他得知附近没有过河的桥时，心中十分焦急，这里距朋友的住处还有40分钟的路程，如果现在回头选择其他道路,一定会迟到。

康德看到河边有一座很破旧的农舍,就跑了过去,客气地问主人:"请问你这间房子要多少钱才肯出售?"

"就给200法郎吧!"

康德付了钱后又对农妇说:"如果您能马上从破房上拆下几根长木头,20分钟内把桥修好,我就把房子还给您。"

听到竟有这样的好事,农妇和两个儿子马上动起手来,很快就把桥修好了。马车顺利地过了桥,康德最终在10点50分赶到了老朋友的家。

彼特斯高兴地在门口迎接他,并说:"亲爱的朋友,您可真守时啊!"在与老朋友相会的日子里,康德只字未提自己在路上遇到的麻烦。

哪怕是朋友之间,也应当信守承诺,如此才能维持良好的友谊。作为领导,更不要轻易做出承诺。因为你所说的每句话都将被下属牢牢记住,每句承诺的背后都是一个考验,当你所做的承诺有一次没有兑现,别人对你的信任就会削减一分,曾经信心满满的跟随,曾经默默笃定的信任,都将随着一次次的爽约而烟消云散。

成熟沉稳、明智理性的领导,在没有预见所有的确定性之前,在没有稳操胜券之前,不要擅自做出承诺,即使已经胸有成竹,也要引而不发。承诺得过于轻易,并总是能如约兑现,会让人的期待值逐渐增大;而如果不能如期兑现,又会使得自己的威望受到负面影响。所以,即使从自我保护的角度出发,领导也要谨慎承诺。

7.责任比能力更重要

所有成功的人都有一个共同的品质,那就是有责任感。聪明、才智、学识、机缘等固然是促成一个人成功的必要因素,但如果没有责任感,他仍旧无法获得成功。

奥巴马有极强的社会责任感,他每坐到一个位子上,都会做出很高的政绩来回报选民的投票。

奥巴马在美国金融危机的节骨眼上走马上任美国总统,上任后的首个工作日,他便签署了行政指令,下令白宫年薪超过10万美元的百多名高级官员冻薪最少一年,与人民共度艰难时期,并且禁止官员收取说客的礼物。

他说:"在这段经济紧急的时期,许多家庭都要勒紧裤子过日子,政府也应该如此。"他以此行为展现了自己负责任的态度,向全国发出了一个信号:政府是和人民站在一起应对危机的。

作为美国总统,他不仅对自己的工作负责,还号召人民尽到对国家的责任。在2012年的胜选演讲中,他满怀激情地说道:

"今晚,你们是把票投给了行动,而不是投给了政治。我希望你们能够更加关注你们的工作,而不是我的工作。在今后的几周,我将期待与两党领袖接触并合作,以便面对我们团结一致才能解决的问题。比如减少我们的赤字、改革我们的移民体系、减少对外石油的依赖……我们还有很多工作要做。但是,这并不意味着你们的工作就此结束了。民主国家公民的角色并不随着投票完结而结束,你们一定要问问自己:我能为美国尽到什么样的责任?我们要进行自我治理、自我约束,这是我们的原则,也是我们建国的理念。

"美国的财富多于世界上任何其他国家，但真正让我们富有的并非金钱；我们拥有有史以来最强大的军力，但真正让我们充满力量的并非军队；我们的大学和文化为全世界所艳羡，但美国真正吸引各国人踏上这片土地的魅力也不在于此。真正让美国与众不同的，是将这个地球上最多元化的国家的人民团结到一起的那些纽带，是我们共命运的信念，是只有当我们肩负某些对彼此以及对后代的责任美国才能走下去的信念，是无数美国人前赴后继为之奋斗的自由——它既赋予了我们权利，也给我们带来了责任……"

奥巴马用责任心感召自己的民众，因为他知道，一个国家，只有每个人都尽到自己的义务,这个国家才能够强大。生活中的我们也应该被奥巴马的"责任"感召。一个人要想在社会上立足,就应当把责任感融入到自己的生活态度中,无论是工作还是生活,都要提醒自己做一个敢于承担责任的人。

美国总统杜鲁门曾在自己的办公室门口挂了一条醒目的标语："buckets stop here。"意思是问题到此为止,不再传给别人。很多人遇见问题时,因为趋吉避凶的心理作祟,总是想办法把困难推给别人,这是不负责任的心态,这样的人永远无法获得辉煌的成就。

20世纪70年代,索尼彩电已经在日本声名远扬,但在美国的市场还没有打开。如果你在当时美国商店最不起眼的角落里看见一台布满灰尘的彩电,不用走近细看牌子,就能知道那是索尼。在这种情况下,卯木肇接受了开拓索尼彩电在芝加哥市场的任务。卯木肇没有寻找任何借口推脱职责,而是主动迎接挑战。

他来到芝加哥,看到索尼彩电在芝加哥的现状后,下定决心找出索尼在这里卖不动的原因。他通过调查知道,是前几位负责人的销售措施不当造成了这个后果。他进一步调查发现,这里的市场已经被破坏了,但他没有灰心离开,而是留下来继续寻找解决方法。

他找到了马歇尔公司——芝加哥最大的电器销售公司,请求其试销索尼彩电。他采用了多种方法重塑索尼形象,并成立了特约维修部。马歇尔公司被他的诚心和责任感打动,最终答应了他的请求。

最终,索尼彩电销量看好,卯木肇取得了成功。公司评价他是真正对公司负起责任的人。

前微软董事局主席比尔·盖茨经常说:"人可以不伟大,但不可以没有责任心。"被誉为"现代管理学之父"的管理学大师德鲁克也说过:"职员必须停止把问题推给别人,应该学会运用自己的意志力和责任感着手行动以处理这些问题,真正承担起自己的责任。"

第五章

执行管理，总统也要从基层做起

1.放弃借口，才有赢的希望

奥巴马是一个政治家，一路走来，尽管也有脆弱的时候，但他能够很快振作起来。他从未在公众面前找过任何借口，他知道，只有放弃借口，才有赢的希望。

奥巴马在竞选伊利诺伊州第一选区的美国众议员席位时，遭受了失败，并为之背上了6万美元的债务。在竞选之初，他一直相信自己可以取得胜利，但失败的落差让他一时无法接受，他甚至开始对自己产生了怀疑："那个来自夏威夷名叫巴拉克·奥巴马的小子真的能在政坛上取得成功吗？要知道，很多情况下，投票人所掌握的信息都非常有限，他们做决策的依据仅仅是某人的名字比较悦耳，或者与自己沾亲带故……"

他几乎要相信那条"隔离带"是真实存在的。竞选过程中，对手所说的"你还不够黑人的资格，芝加哥永远不会把一个名叫奥巴马的家伙看成自己人"不断在他的脑海里回响。

后来，德高望重的牛顿·米诺对奥巴马说过的一句话让他受到了鼓舞："你还有很多机会。"接下来，他决定不再找外在的借口，而是在自己身上寻找失败的原因。首先，没有获得足够的支持是他一败涂地的根本原因。在他竞选之前，几乎所有人都认为他没有资格挑战对手。其次，刚刚步入政坛的他还不具备政治家的基本能力：强大的、富于感染力的说服力。

找到了自己失败的原因后，他开始重整旗鼓，再一次以自信的姿态站了起来。他有超强的学习能力，他自信自己能不断改进自己的不足，他需要的只是时间而已。

也正是这次失败让奥巴马懂得了真正放弃借口的意义，让他完成了从"奥巴马教授"到"奥巴马政客"的蜕变。

在政治上已经成熟的他很快走出了失败的阴影。2002年秋，在州议会待了不到6年的奥巴马代表伊利诺伊州竞选2004年的联邦参议员。为了获得竞选经费，奥巴马一家把房子都抵押了出去。在竞选过程中，他的对手霍尔卷入了家庭虐待的丑闻中，他抓住了这一机会，大肆演讲和宣传，最终以52%的支持率赢得了伊利诺伊州民主党联邦参议员候选人的资格。

"没有任何借口"是美国西点军校奉行的最重要的行为准则。它强调的是，要为成功找理由，不为失败找借口。一个人做任何事，如果失败了，只要他愿意找借口，总能找到完美的借口，但借口和成功不在同一屋檐下。

美国西点军校有一个久远的传统,遇到学长或军官问话,新生只能有四种回答:"报告长官,是!""报告长官,不是!""报告长官,没有任何借口。""报告长官,不知道。"除此之外,不能多说一个字。

比如,教官问:"你认为你的皮鞋这样就算擦亮了吗?"每个人的第一个反应肯定是为自己辩解:"报告长官,刚才排队时有人不小心踩到了我。"但这种回答是错误的,因为你的回答不在那四个"标准答案"里,因此,你只能回答:"报告教官,不是。"无论教官问的是什么问题,你最后只能答:"报告长官,没有任何借口。"学校之所以这样规定,就是要让新生学会忍受压力,学会恪尽职责,明白表现不达到十全十美是"没有任何借口"的。

一个人做错了一件事,老老实实认错是最明智的做法,而不是找几个理由为自己辩护。

2010年6月,奥巴马应邀来到密歇根州一所高中,并在该校的毕业典礼上发表了演讲。在演讲中,他慎重地说道:"如果碰到问题,你们当然可以寻找借口,比如学校资源不足、学生质量不够好等。你们也可以把问题归结在家长、老师、校长或是政府身上,但是这样一来,我们的年轻人将缺乏优势,整个国家也将缺乏竞争力。"

问题发生时怪罪于他人是很容易的事情,奥巴马幽默地说这样的行为每天都在华盛顿上演,政客们在电视节目里互相指责,却不着手解决问题。不光是华盛顿的政客,只要稍加留意你就会发现,身边那些没有任何作为也不曾打算有一番作为的人,经常会有一大堆借口来解释为什么他没有做到、为什么他不做、为什么他不能做、为什么他不是那样的……失败者为自己料理"后事"的第一个举动就是为自己的失败找出各种理由。

最常见的借口是"我在忙，没时间"。我在忙，所以没时间读书看报；我在忙，所以没能按时赴约；我在忙，所以周末不能回家看爸爸妈妈；我在忙，所以不能陪孩子去逛公园……你真的忙碌到不能获取新知识、不能和亲友交流感情的地步了吗？

以身体健康为借口也很常见，一句"我的身体不好""我有这样那样的病痛""我的身体不舒服"就成了不去做或失败的理由。事实却是，医学家证明，没有人的身体是完全健康的，每个人多少都会有生理上的毛病，每个人的心理都有可能因为压力而失衡。

跟"没时间""不舒服"相比，"我不够聪明"似乎高明一些。这种借口与众不同，它通常默不作声。人们从来不会公开承认自己不够聪明，多半是在自己的内心深处这么宽慰自己。而且，几乎绝大部分人都有这种毛病，只是程度不同而已。遇到没能成功解决的事，就会忧郁地说一句"如果我能再聪明一点，事情肯定不是这种结局"，然后失败就轻松翻篇了，这种情形是不是每个人都似曾相识呢？

比尔·盖茨说："没有哪一个老板喜欢任用一个办事拖拉、草率行事的人。我们随处可以看见这样一些人，他们之所以不能进步，往往都坏在一个很小的毛病上——草率多误。任何事情，一经过他的手，别人就再也不能放心，不得不再去复核一次，因为他做事情永远是漏洞百出。换句话说，这样的人就是没有竞争能力，而微软是不能容忍这样的人存在下去的。"

为了激发员工的潜力，微软公司采用了行之有效的办法——业绩考评和工作评估。微软公司采取定期淘汰的严酷制度，每年考核一次，然后将效率差的5%的员工淘汰出去。而且，业绩考评和工作评估得出的结果会成为员工晋升或裁撤的唯一依据。所以，在大多数的公司，某项成功可能可以让你轻松个10年、15年，但在微软，这样的成功只代表你下个工作可能会做得更好,微软绝不会让人员停留在过去的成就上。在微软,今天的绩效不代表一切,任何人想要停留在原地,就会被别人赶超。在这种环境下,人人都要全力以赴,任何人都不许找理由或借口。

永远记住一个真理,机会是靠争取得来的。再好的构想都存在缺陷,而即使是再普通不过的计划,只要你确实执行并且继续发展,所取得的效果都会比半途而废的好计划要好得多。

成功没有秘诀,想在人生中取得正面结果,有过人的聪明智慧和一技之长自然好,没有也无须沮丧,只要肯积极行动,你就会越来越接近成功。

遗憾的是,很多人并不懂得这个道理,结果让自己沦为了平庸之辈。看看那些庸庸碌碌的普通人,他们都在被动地活着,他们说的远比做的多,甚至只说不做。他们几乎个个都是找借口的行家,他们会找各种借口来拖延,直到最后证明这件事他们不应该做、自己没有能力去做或已经来不及了为止。

借口更像是一种思想病,而染有这种严重病症的人,无一例外都是失败者。

洛克菲勒说:"我鄙视那些爱找借口的人,因为那是懦弱者的行为;我也同情那些爱找借口的人,因为借口是制造失败的病源。"

一个失败者一旦找到一个"好"借口,他就会抓住不放,然后总是拿这个借口对自己和别人解释:为什么他无法再做下去,为什么他无法成功。起初,他还会意识到他的借口是在撒谎,但在不断重复使用后,他就会越来越相信那完全是真的,相信这个借口就是他无法成功的真正原因,最终,他的大脑开始怠惰、僵化,向前奋进的动力化为乌有。

当一个人能够主动对自己的行为负责、主动地承担责任而不是找借口推托时,整个世界都将为他让路。

借口让我们养成逃避的习惯,不敢担当,结果当然会与成功失之交臂。我们要坚决摒弃借口,让自己拥有毫不畏惧的决心、坚强的毅力、完美的执行力,让自己拥有在限定时间内把握每一分每一秒去完成任何一项任务的信心和信念,为自己赢得未来。

2.主动出击,机会青睐有准备的人

很多人打算做一件事的时候,总是想等到所有的东西都准备好,时机绝对成熟之后才开始行动。其实,时机根本没有绝对成熟的时候,必要的时候,我们应该主动出击,一直等下去会让我们失去行动的机会。

2000年,奥巴马竞选国会议员败给了博比·拉什,他总结经验时发现了一个非常重要的问题,那就是在那次大选中,他只筹到了53万美元。对于一个新人来说,这已经是个非常了不起的成绩了,但在资金实力上,他仍然远远落后于对手。

关于这次联邦参议员竞选,他明白自己需要更多的资金支持。他对竞选团队中负责筹款的马丁·内斯比特说:"如果你能筹到400万美元,那我们就有40%的机会获胜;如果你能筹到600万美元,我们就有60%的机会获胜;如果你能筹到1000万美元,我们就一定能赢。总之,请给我最大的支持。"可以说,为了赢得当选联邦参议员的机会,奥巴马做足了准备。

就在他以绝对优势夺得伊利诺伊州联邦参议员党内提名人资格的时候,他的眼前又出现了一个极其重要的机会:奥巴马接到了玛丽·凯西尔打来的电话,为戈尔竞选总统做"基调演讲"。

演讲才能是奥巴马早就为自己的政治道路做好的准备,在这个演讲中,他让自己一鸣惊人。等他回到伊利诺伊州时,他顺利赢得了联邦参议员的职位。

其实,奥巴马不仅在参选联邦参议员的过程中抓住了随即出现的机会,决定竞选参议员也是因为偶然的机遇。2002年,奥巴马洞察到了这个难得的机会:虽然几十年来的美国历史中,活跃在政治舞台上的大多是共和党人,民主党人偶尔有一些机会,但现今共和党正步入低谷,政治地盘正大面积失守,政治大环境对民主党人有利。而彼得政绩不佳,人们埋怨较多,这正是天赐良机,时刻准备着的奥巴马怎会错过?

机会只会留给有准备的人,很多人感慨生不逢时,抱怨上帝没有给他创造机会,事实却是,当机会出现在他们面前时,他们没有识别出来,或者说没有抓住机会的能力。

一个人必须准备妥当,随时保持最佳状态,等待机会出现,并及时抓住它。如果没有准备,即使机会来了,你也会在手忙脚乱中错过它。

贝特格曾经只是麦森陶瓷厂的一个垃圾工人。当时,麦森陶瓷厂完全靠着一位叫普塞的意大利技师和他的几个徒弟支撑。有一天,普塞技师因跟厂方意见不和而发生争执,后来竟一怒之下带着自己的几个徒弟回了意大利。

因无人接替普塞的位置,麦森陶瓷厂的高层顿时乱成了一锅粥。

就在麦森陶瓷厂举步维艰之际,贝特格拿着自己烧制的花瓶站了出来:"请你们看看这个,它的质量跟咱们厂的产品相比,哪个更好?"

陶瓷厂高管看后,个个目瞪口呆,纷纷问贝特格:"这花瓶真的是你烧制的?"

贝特格给予了肯定的回答。原来,这个在厂里毫不起眼的垃圾工一直在默默学习着普塞技师的手艺,连厂方正式派去跟普赛学艺的工作人员都没能学会的技术,他全部都学会了。

陶瓷厂的高管说:"只要你能取代普塞,你不但不用再干运垃圾的工作,从现在开始,你的月薪还能跟普塞一样,每月1万欧元。"

就这样,麦森陶瓷厂又开工了。贝特格,这位当初的垃圾工,做梦也没想到自己能拿如此高的工资,他感叹自己多年的默默学习没有白费。

有人说:"机遇就像刚出炉的山竽,是很烫手的,准备不足、本事不强、能耐不够者是抓不住的。只有不断提升个人实力与时刻准备着的人,才会受到机遇的青睐。"我们有太多的东西需要准备,想要抓住机遇,需要我们具有识别机遇的能力,拥有果断行动的执行力。

世界著名的石油大王洛克菲勒谈到自己的创业史时,只说了一句话:"压倒一切的是机遇。"可以说,我们每个人的命运都是由一连串的机遇组成的。而我们每个人又都是自己人生的设计师,只有设计好自己的人生,并时刻准备着,才能抓住随之而来的机遇。

日本三洋电机的创始人井植岁男讲过这样一个真实的故事。

一天,他家的园艺师傅对他说:"社长先生,我看您的事业越做越大,而我却像树上的蝉一生都坐在树干上,太没出息了,您教我一点创业的秘诀吧。"

井植点点头说:"行!我看你比较适合园艺工作。这样吧,在我的工厂旁有2万坪空地,我们合作来种树苗吧。树苗1棵多少钱能买到呢?"

"40元。"园艺师傅答道。

井植说:"100万元的树苗成本与肥料费用由我支付,以后3年,你负责除草施肥工作。3年后,我们就可以收入600多万元的利润,到时候,我们每人一半。"

听到这里,园艺师却拒绝说:"哇,我可不敢做那么大的生意!"最后,他还是在井植家中栽种树苗,按月拿工资,白白失去了致富良机。

人们常常会用"胆量"这两个字来说明敢想敢干、敢作敢当的精神。在复杂的社会生活中,我们需要面对许许多多的问题和矛盾,处理这些问题,解决这些矛盾,需要有经验、智慧、谋略、才干,同时,还有一样东西也是必不可少的,那就是胆量。

谁都知道螃蟹美味可口,然而,第一个吃螃蟹的人一定是带着冒险精神去尝试的。在商业竞争中,有远见的人总是采取开拓性的经营决策,争取主动,获得比竞争者领先的优势,从而出奇制胜。

3.行动是成功的第一步

奥巴马曾说:"我们每个人,在我们的有生之年,必须肩负起帮助子女树立进取的道德观念的责任,要适应竞争力更强的经济环境,巩固我们的社区并分担一定的压力。让我们行动起来,让我们共同开始这项艰巨的使命,让我们改变这个国家。"

奥巴马非常明白行动的意义,而他自己也是这么做的。

2012年11月4日,在美国大选前最后一个适合拉票的星期天,奥巴马使出了浑身解数,奔波于各个"摇摆州"之间,竭尽全力拉拢选民。对于这种一天24小时不断拉票的活动,法新社评论称:如今就连最擅长竞选集会的奥巴马也显得很累了。在弗吉尼亚州拉票时,奥巴马哑着嗓子对数万名观众说："我的命运已不掌握在我自己的手中。一切取决于你们,你们拥有最大的力量。"

从来没有一个人能够在幻想中取得成功,要到达成功的彼岸,必须做好扬帆行动的准备。奥巴马不仅在作为总统候选人时表现出了极强的竞选行动能力,作为总统,他也表现出了真正为美国服务的行动能力。他推行了医保政策,击毙了恐怖组织头目本·拉登,成功从伊拉克撤军……

2012年10月24日下午,飓风"桑迪"登陆,25—26日,"桑迪"分别袭击了古巴、多米尼加、巴哈马、海地等地,紧接着,"桑迪"袭击了美国,截至11月3日,美国东海岸因为这场飓风死亡的人数超过百人。

就在飓风登陆当天,奥巴马取消了佛罗里达州的竞选活动,回到华盛顿指挥救灾。他说:"我并不担心它会影响大选,我担心的是风暴会影响民众的生活,我担心的是我们最先赶赴现场的援助人员,我担心的是风暴会影响美国经济和交通运输。"

奥巴马于10月29日晚同新泽西州州长克里斯·克里斯蒂、纽约州州长安德鲁·科莫、纽约市市长迈克尔·布隆伯格等人通了电话,以了解详细灾情。随后,奥巴马迅速指示联邦政府向进入紧急状态的新泽西州和纽约州提供救援。

为了应对这场风暴,奥巴马一直追踪着最新的灾情状况,以至于整夜未眠。为了充分了解灾情,奥巴马把自己的电话号码给了记者克里斯蒂,30号晚间,奥巴马和克里斯蒂就当地的灾情问题通了三次电话。

克里斯蒂在接受《今日》节目采访时,表达了对奥巴马总统行动力的赞赏:"联邦政府对'桑迪'的应对很好。昨晚半夜我再次与总统通话,他已经宣布新泽西州为主要受灾区。总统在这件事上做得很出色。"

在奥巴马竞选连任时,人们更加看重的已经不是他的口才,不是他的个人魅力,不是他能够向选民许诺的"妙语连珠",而是他在第一任期内做了什么,他面对突发情况如何应对。他的行动能力证明了他是一个合格的总统。

行动力才是最重要的,阿·安·普罗克特有句名言:"梦想一旦被付诸行动,就会变得神圣。"好的想法,每个人都会有,但想法始终只是想法,理论终究也只是理论。如果没有行动,一切都是假的,只会成为高谈阔论,变为吹嘘。

安东尼是一个部门主管,每天醒来就一头扎进工作里,忙得焦头烂额、寝食不安,整个人都快要崩溃了。为了改变这种状况,他去请教了一位成功的公司经理。

来到这位公司经理的办公室时, 安东尼看见他正在接听一个电话。听得出来,和他通话的是他的下属,而这位经理很快就给对方做出了工作指示。刚放下电话,他又迅速签署了一份秘书送进来的文件。接着又是电话询问,又是下属请示,这位经理都马上给予了答复。

半个小时过去了,终于再也没有他人"打扰",这位经理便转过头来问安东尼有何贵干。安东尼站起身来说:"本来我是想请教您,身为一个全球知名公司的部门经理,您是如何处理好那么多工作的,但现在不用了,您已经通过行动给了我一个明确的答案。我明白自己的毛病出在哪儿了:您是现在就把经手的问题解决掉;而我却是无论遇到什么事,都先接下来,等一会儿再说。结果,您的办公桌上空空如也,我办公桌上的文件却堆积如山。"

行动是成功的第一步。有时候,我们的行动确实不够正确、有效,但就算走错了,我们也不是一无所获,至少得到了一份宝贵的经验。行动起来,本身就是一种收获。

有时候,我们因为恐惧而裹足不前,而行动力是克服恐惧最有力的武器。丘吉尔曾经说过:"你若想尝试一下勇者的滋味,就一定要像个真正的勇者一样,豁出全部的力量去行动,这时,你的恐惧心理将会为勇猛果敢所取代。"在林肯之前,很多总统都有废除奴隶制的想法,但都没有勇气去做,他们觉得这件事太难了,根本是不可能完成。而林肯却用行动证明了这个目标可以实现。

行动是一个敢于改变自我、拯救自我的标志,是一个人能力有多大的证明。很多人为自己制订了目标,却由于懒惰或其他原因而行动滞后,结果仍是一事无成。只有行动起来,梦想才有实现的可能。

4.将不可能变为可能

许多人常常把"不可能"三个字挂在嘴边,其实,他根本没有想过要怎么实现,也没有去思考实现的可能,更没有去制订实现的计划和目标。他只是听到了一个自己不熟悉的事情,就本能地说不可能。太多的"这也不可能""那也不可能",让生活变得机械、笨拙。

奥巴马发表演讲时说:"美国精神,美国的承诺,在道路不明朗时仍把我们推向前进,虽然我们人各不相同,但仍把我们团结在一起,使我们不是纠缠于已知,而是放眼未知,那未知中的美好世界。"

奥巴马的演讲使得美国民众热泪盈眶,"美利坚,我们不能后退"的呼声振聋发聩。"我们还有很多事业未完，我们还有这么多孩子要受教育，我们有这么多老兵需要关照，我们还要修复经济，我们还要重建城市，我们还要拯救农场，我们还有这么多家庭需要保护，这么多人的生活需要弥补。"

"美利坚，我们不能后退，我们不能独行。"

"此时此刻，在这场选举中，我们必须再一次保证要勇往直前，让我们坚持这个承诺，这个美国的承诺，如《圣经》所说：'坚守我们所认同的希望，毫不动摇。'"

纵观世界历史，卓越的人的一大优点是：在不利与艰难的遭遇里百折不挠。人生始终在考验我们战胜困难的毅力，唯有那些能够坚持不懈的人，才能得到最大的奖赏。

奥巴马说："当我们面对嘲讽、怀疑和别人对我们说不能的时候，我们将用凝聚了整个民族精神的永恒信条做出回答：是的，我们能！"

罗伯特·巴拉尼是奥地利著名的耳科医生。他幼年的时候患上了可怕的骨结核病，不仅疼痛难忍，还导致他一个膝关节永久地僵硬。家里人都很疼惜他，只祈祷他的后半生能不再受到病魔折磨，而不要求他能有什么作为。

可是巴拉尼非常倔强，他不相信一种疾病能让自己变成废物，也不相信自己的未来仅能局限在父亲的农场里。他暗下决心，一定要掌握一技之长，一定要和正常的孩子一样上学读书深造，然后堂堂正正地站在世人面前。

整整10年，巴拉尼风雨无阻地穿行在学校和家庭之间。无论多么艰难，他都咬着牙，向人展示"我可以"的坚持。29年过去了，这个失去自由行动能力、被人们怜悯的孩子长大了，并且成功进入了医学界，发表了著名的《热眼球震颤的观察》论文,奠定了耳科生理学的基础。为了表彰他的杰出贡献,当今医学探测前庭疾患的试验和检查小脑活动以及与平衡障碍有关的试验,都以罗伯特·巴拉尼的姓氏命名。

巴拉尼用自己的努力,将不可能变成了现实,把自己的名字深深刻在了人们脑海中。

事实上,世界上每天都在发生各种令人沮丧的意外,但同时也在创造各种感人的奇迹。如果你的心里存着"我可以"的想法,那么这些代表新思路的想法就会迅速在你脑中生根发芽,长出嫩枝,帮你去创造新的天地。

也许有人会发出疑问:难道决心要做,就一定能做到吗?要是下了决心最后却没有成功,又该怎么办呢?

试想一下,如果一开始你就放弃了,就算机会真的来了,你也无法立即采取行动,如此还谈什么成功、收获呢?

曾有一穷一富两个僧人,都想去远方求佛。10年后,他们再次相聚。这时,穷僧人早已完成远游,手托玉佛实现了目标;而富僧人则说自己之所以未能远行,是因为每次出门前都会发现准备得不够充分,或天气不好……于是一次次地耽搁了下来,延误了时间。

穷僧人微笑着说:"如果你的心里有意愿,那些困难就是天上的云,会来也会去;如果你的心里藏着畏惧,那困难就是移不动的山、填不尽的海,会永远把你阻隔!"

大多数情况下,你所得到的结果和你所选择的态度是一致的:要么能,要么不能。世界上有很多状态是可以由人控制的,尽管一个人的力量十分微小,但当你竭尽全力去实现自己的目标时,就一定能爆发出惊人的能量。

著名的护理学和护士教育创始人之一佛罗伦萨·南丁格尔，出生于一个富有的家庭。南丁格尔从小就着迷于护理工作，并且长期担当庄园周围生病农户的看护者。当她希望成为一个护士，加入到当时只有社会底层妇女和教会修女才会担任的护理工作中，并把这件事情当作终身事业时，遭到了父母的强烈反对和世俗偏见的中伤。但即使面临一些闲言杂语和误会，南丁格尔仍一直坚信自己可以胜任这份工作，丝毫不肯做出让步。

南丁格尔总是出现在病患最需要她的地方，尤其是1845年克里米亚战争爆发后，她率领38名护士奔赴枪林弹雨的前线，加入到病患的护理工作中。此刻的南丁格尔完全摆脱了贵族小姐的娇弱，不仅表现出了非凡的组织才能，还给予了病患无微不至的关怀，帮助医生进行手术，减轻病人的痛苦。

每一天，她都要工作20多个小时。她总是提着一盏小小的油灯，逐床细心查看病患的情况，因此，她也被士兵们称为"提灯女士""克里米亚的天使"。

最让人称奇的是，为了取得必要的医药物资，当所有人都不敢打破陈规陋习采取行动时，南丁格尔却带领几个大胆的人撬开了英国女王仓库门上的锁，并向吓得目瞪口呆的守卫说："我终于有了我需要的一切。现在，请你们把你们所看到的去告诉英国女王吧，全部责任由我来负！"

南丁格尔用实际的付出向世人证明了实践理想的可贵，证明了护理工作的重要性。在她的努力推动下，世界上第一所护士学校成立，整个西欧以及世界各地的护理工作和护士教育也因此得到了快速发展。

现实生活中，我们总是觉得大环境太差不可能改变、客户太刁钻不可能改变、身体不舒服不可能改变、薪水过低不可能改变……整天牢骚不断,好像"不可能""无法改变"已经成了我们的终身印记。然而,若是拿我们所面临的困难和南丁格尔当初所遭遇的困难相比,简直就不值一提。那么崇高、伟大的梦想都可以被南丁格尔实现,还有什么是比它更难的?

美国诗人丁尼生说:"梦想只要能持久,就能成为现实。我们不就生活在梦想中吗?"那些觉得自己可以的人,有的是为了获得更好的生活、更高的地位、更大的成就,有的则是为了他们的梦想和目标,他们相信自己的能力,也相信自己可以改变很多。

你可以失去信心和勇气,但你的生活并不会因此而轻松,一旦你开始萌发"我可以"的念头,正式迈入追寻梦想的队伍,就有可能生活得更好。

5.过去不等于未来

奥巴马赢得连任时,再一次强调了国家的过去不等于未来:"尽管我们经历了这么多的困难,尽管我们经历了这么多的挫折,但我对未来仍然充满信心,我对美国仍然充满信心,我希望大家能够延续这种希望。我这里讲的并不是盲目的乐观,而是我们对未来的挑战。"

一个国家的过去不等于未来,一个人的过去同样不等于未来。奥巴马本人的经历已经诠释了这个道理,而且,奥巴马家族的传奇可以追溯到他的祖父。

奥巴马的祖父是肯尼亚的土著居民。第一次世界大战期间,当部落里的乡亲们还只会用动物的皮毛做成裙子时,他的祖父就有幸去欧洲和印度增长见识了。他穿上了西装,在外漂泊了很多年,现代社会打开了他心中那扇通往文明社会的窗口。第一次世界大战之后,他为一个英国贵族做了几年厨师。多年之后,他荣归故乡,成了当地现代文明的领军者。

也正因此,他的祖父在培养他父亲的时候,没有拘泥于肯尼亚的传统教育,而是尽力让老奥巴马——奥巴马的父亲——念书学习。他把老奥巴马送进了教会学校,作为基督徒接受英国人提供的初级教育。后来,老奥巴马被送到了夏威夷大学培养。值得一提的是,那时美国第一次向非洲国家开放留学签证,而老奥巴马有幸成了有史以来第一位非洲黑人学生。

在夏威夷,老奥巴马结识了奥巴马的母亲安。1962年,老奥巴马从夏威夷大学毕业后,选择了哈佛大学继续学习。

就这样,老奥巴马一步一步改变着自己的未来,脱离土著的生活。而奥巴马家族并没有停止对未来的探索和追求,到了奥巴马这一代,他成为美国总统。

过去的日子,可能黯淡无光,可能虚度年华,可能没有人注意,也可能充满了挫折和失败……但这并不说明未来也会是这样。驻足当下,谁志存高远,敢于守望未来,谁就是未来的王者。

真正能代表一个人一生的,是他现在和将来的所作所为。过去犯错并不代表将来也会犯错,只要从过去的阴影里走出来,从现在开始,努力做自己最想做的,任何人都能成为了不起的优秀人才。

1920年,美国田纳西州的一个小镇上,有个小姑娘出生了。由于她是个私生女,镇上的居民都非常看不起她,这种歧视一直伴随着她的成长。

直到她13岁的时候,镇上来了一个牧师。

有一回,她来到教堂,牧师正在做演讲,牧师的演讲深深地感染着她,她渐渐养成了来教堂听牧师演讲的习惯。有一次,牧师叫住了她,并温和地问她:"你是谁家的孩子?"

这个问题刺伤了她,因为她是个私生女,答案实在难以启齿。人们听到牧师的问题后,纷纷停了下来,等待着眼前的这个孩子和牧师的对话。

这个时候,牧师脸上露出了温暖的笑容,说:"噢——知道了,我知道你是谁家的孩子了——是上帝的孩子。这里所有人和你一样,都是上帝的孩子!可能你有一段悲伤的过去,但过去不等于未来。无论你过去怎么不幸,这都不重要,重要的是你对未来必须充满希望。孩子,人生最重要的不是你从哪里来,而是你要到哪里去。"

顿时,教堂里爆发出了热烈的掌声。那掌声是对她的理解,她的眼泪瞬间掉落了下来。自此以后,她改变了很多,40岁那年,她荣任田纳西州州长。之后,她弃政从商,成为全球赫赫有名的成功人士。67岁时,她出版了自己的回忆录《攀越巅峰》。

有些人或许会因为自己的过去而觉得自己不可救药,其实,过去并没有我们想象得那么重要。如果我们的目标是拥有一份良好的工作,那么,判断我们能否得到这份工作的并不是过去的经历,而是现在的能力;如果我们的目标是拥有巨额的财富,那么,让我们能够取得成功的也不是现在财富的积累,而是一步一步的计划和对于计划的实践能力。只有正确解读人生的真谛,不为过去所累,未来才能充满光明。

6.勤奋比才智更重要

自从确立了自己的人生目标，奥巴马就始终保持着勤奋的优秀品质。在纽约的两年时间里，奥巴马过着僧侣一般的生活，他不想让过去的错误重蹈覆辙。他几乎与世隔绝，不喝酒，也拒绝任何交际派对，每天准时上课，然后回到家里看书或写作，这是当时奥巴马生活的全部内容。后来，他回忆说：那段勤奋的岁月让他学到了很多东西，悟出了很多道理。

奥巴马知道，自己作为一个黑人，要在以白人为主流的社会上实现自己的梦想，除了要用尽自己的聪明才智之外，更要付出自己的勤奋，让人们看到他真诚和踏实的一面，以得到人们的信任和拥戴。

才智固然重要，对于同一个问题，有才华的人可能只要很短的时间就能解决。但是，世上有才华的人太多了，当有才华的人和有才华的人交锋，最后的胜利必然属于更加勤奋的那一个。

很多人做事强调灵感和才智，其实不然，很多时候，我们转不过那个"弯儿"来，只是因为没有勤奋地坚持下去。灵感出于勤奋，只要我们向着那个方向不懈地努力，就有可能取得突破。

在美国，有一个人在一年之中的每一天里几乎都做着同一件事：天刚刚放亮，他就伏在打字机前，开始一天的写作。这个男人名叫斯蒂芬·金，世界上著名的恐怖小说大师。

斯蒂芬·金的经历十分坎坷，他曾经穷得连电话费都交不起，电话公司因此而掐断了他的电话线。后来，他成了世界著名的恐怖小说大师，整天稿约不断。常常是一部小说还在他的大脑中构思着，出版社高额的定金就支付给了他。

斯蒂芬·金成功的秘诀很简单,只有两个字:勤奋。一年之中,他只有3天的时间是不写作的。也就是说,他只有3天的休息时间。这3天分别是生日、圣诞节和美国独立日。勤奋给他带来的好处是永不枯竭的灵感。

斯蒂芬·金和一般的作家有点不同。一般的作家在没有灵感的时候会去干别的事情,从不逼自己硬写。但斯蒂芬·金在没有什么可写的情况下,每天仍要坚持写5000字。这是他在早期写作时,他的一个老师传授给他的经验,这使他终身受益。他说:"我从来没有过灵感枯竭的恐慌。做一个勤奋的人,阳光每一天的第一个吻触肯定先落在勤奋者的脸颊上。"

爱迪生说:"天才是百分之九十九的汗水加百分之一的灵感。"没有才华的人通过勤奋也能够取得意想不到的成就,因为勤奋不仅可以弥补才智的不足,而且在勤奋努力的过程中,人们的潜能会被无尽地释放出来。人的大脑会在勤奋中变得越来越灵活,而天生的聪慧却会在懒惰中逐步消失。

勤奋永远是成功的敲门砖,马克思写《资本论》时花了整整40年时间,他为了搜集资料,光日记就有1300多篇;伟大的医学家李时珍为了研究药的性能,踏遍了祖国的山山水水,访问了成千上百的农民、樵夫、渔夫,终于写出了举世闻名的《本草纲目》。正如一位成功人士所说的,勤奋是做任何事情的基础,无论做什么事,都必须勤勤恳恳、一步一个脚印地走过来。

萧伯纳说过:"所谓天才人物,指的就是具有毅力的人、勤奋的人、入迷的人和忘我的人。"勤奋比才智更加重要。没有才智,我们可以慢慢开拓智慧;没有勤奋的精神,我们做任何事情都不能尽善尽美。

7.天降大任,就要敢于承担

"士不可以不弘毅,任重而道远。"不论何人,不论何时何地,天将降大任,就要勇敢地挑起来。现代社会,金钱的力量固然不可低估,但比之更强大的是责任的力量。

奥巴马在竞选总统的时候就承诺打击恐怖组织,让美国人民能够在和平安全的环境中生活。

2011年5月1日,他终于迎来了上任以来最惊喜的完胜。这一天夜间,奥巴马与一些美国高级官员围坐在值班室的一张桌子前,观看突袭"直播",确认基地组织首领、2001年"9·11"袭击事件的幕后总策划本·拉登被美军击毙。

奥巴马在美国哥伦比亚广播公司《60分钟》栏目中谈到了"斩首"本·拉登的一些行动细节。他说,那时,他和同僚只是"谨慎乐观"。随后,直升机降落,面部扫描确定死者身份后,大家才松了一口气。

他在节目中承认,最终决策前,他想起了一些美国的失败经历。"你会想起'黑鹰坠落'……"奥巴马说。奥巴马所说的"黑鹰坠落"发生在1993年。当时,参与联合国在索马里维和行动的美军袭击当地军阀穆罕默德·法拉赫·艾迪德的住所。武装人员随后发动报复,击落了美军两架"黑鹰"直升机,打死了18名美军,拖着他们的尸体游街。这一事件迫使美军撤离了索马里。

奥巴马说,证据不足增加了他做决定的难度。"没有直接证据证明他(本·拉登)在那里,"他说,"如果本·拉登不在那里,后果可能非常严重。"按他的说法,在另一个主权国家发动军事行动风险颇大。

不过,潜在的成功机会最终促使他最终拍板。"我对自己说,如果我们有不错的成功概率,即便不能彻底摧毁'基地'组织,也值得冒政治风险,值得派我们的人去冒险。"

对整个行动而言,保密至关重要。奥巴马说:"白宫很少有人知道这件事,我的大部分高级助手都不知道。"他说,"有时候,你想去找些人说说,但这不在可选选项之列。"

5月1日白天,奥巴马打了场高尔夫球,尽管表面平静,但他的内心很紧张,在静待行动发起的时刻中,"毫无疑问,那个周末,这件事一直压着我"。

美国总统肯尼迪在就职演说中说:"不要问美国给了你们什么,要问你们为美国做了什么。"这句话给美国人尤其是年轻人注射了一针强心剂。为自己的祖国做出应有的贡献,是一个永恒的命题。奥巴马在受访节目中说,打死本·拉登让美国有机会致命打击"基地"组织。"那并不意味着我们会击败恐怖主义,"奥巴马说,"不意味着'基地'没有转移到世界其他地方。""但这确实意味着我们有了给这个组织致命一击的机会。"

有时,行动并非源于想法,而是源自担负的责任。"石油大王"洛克菲勒在给儿子的信中写道:"标准石油公司的每一个员工都拥有责任感,他们都知道'我的责任是什么,什么办法能让我把事情做得更出色'。我从不对责任或义务发表空泛的谈论,我只是通过我的领导方式来创造具有负责精神的企业。"

洛克菲勒认为,如果我们想要永久持续生存下去,那就意味着,不管什么理由,领导者都要断然拒绝去责难任何一个人或任何一件事。责难就如同一片沼泽,一旦失足跌落进去,便会失去立足点和前进的方向,你会变得动弹不得,陷入憎恨和挫折的困境之中。这样的结果只有一个:失去部属的尊重与支持。一旦落到这步田地,那你就好比是一个将王冠拱手让人的国王,从此失去了主宰一切的权力。

"在摧毁领导者的领导能力的众多敌人当中,责难是头号敌人。"世界上从来没有常胜将军,没有不败的神话,不管是谁,都会遭遇挫折和失败。因此,当问题出现时,不要一味愤懑,失去理智,而要保持思考能力,需要思考的问题有:怎么做才能让情势好转起来? 采取什么行动可以补救或是修复之前的失误?

当坏事降临到我们头上时,先停下来问自己:"我的职责是什么?"

失败意外地降临时,抛开一切烦乱的干扰,对自身角色进行完全坦诚的评估,这样可以避免窥探他人做了什么,或是要求其他人改变什么等毫无意义的行为。事实上,只有将焦点专注在自己身上,制订出切实可行的计划,才能弥补无意中造成的损失,打一场漂亮的翻身仗。

然而,分析"我的职责是什么"并不等同于自责。"自责是一种最阴险狡猾的责难陷阱",有人习惯在遭受失败之后责怪自己,其实这是一种思维陷阱,自责与其他人的责难一样,只会使我们陷入恼怒与不满的圈套之中。

"我的职责是什么"是一个正确处理事物的重要步骤,一个具有自我分析和自我肯定的步骤。任何工作或任务的分配关键不在于"他们"应该做什么,而在于"我"应该做什么。只有真正明白了这点,才不会自怨自艾,遇到一点小问题就妄自菲薄。

若是我们能够将每一次成功的阻碍都视为自我剖析的一个机会,而不是在他人对我施加了什么干预上纠缠不休,那我们一定能够冲破危机的围墙,找到新的出路。感觉重任在肩,这种压力和使命感能让人不自觉地兴奋起来。责任感可以激发并强化做事的能力,其他任何一件事情都不会有这样的功效。

将重大责任托付给他人,给他人信任,并让他了解到你对他寄予的充分信任,讲究团队协作而又各司其职,这才是现代管理的高效模式。

第六章

细节管理，铸就核心竞争力

- -

1.事前想得清，事中不折腾

"事前想得清，事中不折腾。"顾名思义，这句话说的就是"计划性"。用较多的时间为一次工作事前计划，做这项工作所用的总时间就会减少。

美国企业家理查·史罗马在《无谬管理》一书中指出："对一件方案，宁可延误其计划之时间以确保日后执行之成功，切勿在毫无适切的轮廓之前即草率开始执行，而终于导致错失该方案之目标。"任何行动，如果没有计划，行动就是盲目的。盲目的行动不可能达到理想的效果。在复杂的社会环境中，各种因素的变化十分活跃，因而会遇到各种风险。如果我们加强计划管理，我们就可以通过事先的科学预测和分析,制订出具有科学依据的可行性方案,从而避免大的风险。而且,计划在执行的过程中还可通过经常的检查和调整,进一步遏制不良后果的发生。

奥巴马是一个凡事都讲究计划的人。从去社区服务到芝加哥讲授宪法再到参政,一路上,我们都可以找到奥巴马计划人生的踪迹。面对金融危机,奥巴马不但有清醒的认识,他还勾勒出了一幅宏伟的蓝图,即一个极为"大胆的"刺激经济计划。这个计划有几个要点:在今后两年内加大政府公共开支,大举建造公路、桥梁、学校;开发替代能源和节能汽车;创造250万个新的工作岗位,等等。其高明之处在于,他不仅将当前这场灾难看成一场危机,更看成一次历史机遇。因此,他既顾及眼前危机,更考虑长远战略;既要治标,也要治本。比如,他将教育投入和医保改革同时纳入其中,将能源独立与环境保护也考虑在内,这些都关系到国家的长远发展。奥巴马说:"我强烈地感觉到,这不仅仅是一个短期解决方案,更是为美国经济长久而持续的发展打下坚实的基础。"这样,事前做好了计划,后面就能省掉很多麻烦。

对于计划的重要性,美国的几个心理学家还曾做过一个实验:把学生分成三组进行不同方式的投篮技巧训练。第一组学生在20天内每天练习实际投篮,把第一天和最后一天的成绩记录下来;第二组学生也记录下第一天和最后一天的成绩,但在此期间不做任何练习;第三组学生记录下第一天的成绩,然后每天花20分钟做想象中的投篮,如果投篮不中,他们便在想象中做出相应的纠正。实验结果表明:第二组没有丝毫长进;第一组进球率增加了24%;第三组进球率增加了26%。由此,他们得出结论:行动前进行头脑热身,构想要做之事的每个细节,梳理心路,然后把它深深铭刻在脑海中,当你行动的时候,你会更加得心应手。

做事如果没有计划,行动起来就必然会是一盘散沙。只有事前拟订好了行动的计划,梳理通畅了做事的步骤,做起事来才会应付自如。好的规划是成功的开始。一个缺乏准备的人一定是一个差错不断的人,纵然具有超强的能力、千载难逢的机会,也不能保证获得成功。

春秋时,魏文王有一天求教于名医扁鹊:"据说你家中兄弟三人,全都精于医术,那么,谁是医术最高明的呢?"

扁鹊答道:"大哥最好,二哥次之,而我是最差的。"

魏文王不解地说:"爱卿谦虚了吧,既然你是最差的,为何名气却是兄弟之中最大的呢?"

扁鹊解释说:"大王有所不知。大哥治病,多是在病情发作之前,那时候病人还觉察不到,但大哥却早已当机立断,把疾病灭之于无形。当然,这也使得大哥的医术纵然盖世无双,也难以被世人认可。"

"二哥治病,多是在发病初期、症状尚不明显、病人尚未太过痛苦之时。这时候,二哥往往能够及时铲除病根。但也正因如此,乡里之人都认为二哥只是治疗小病小痛颇为灵验。"

"而我治病,大都是在其病情十分严重之时。此时病人通常痛苦万分,病人家属则心急如焚。这时候,他们看到我在经脉上穿刺、放血,或在患处敷药以毒攻毒,动大手术直指病灶,使重病病人的病情得到缓解或者治愈。于是,我便侥幸得以闻名天下。其实,跟大哥和二哥相比,我的医术还差得很远。"

扁鹊这番话无疑是在告诉我们:"最高明的医术,不是病发后控制,而是病前控制。"这也说明了一个道理:"能防患未然于前,远胜于治乱已成之后。"

不少人都习惯于等到错误的决策和做事的结果造成了重大的损失

时，才慌慌张张地去弥补，即使得到了补救，浪费掉的财力、物力、人力、时间也比事前控制的多得多：工作失误要花时间来修正；产品质量出现问题要花时间来返工；技术不过关要靠培训来弥补……也就是说，一个本来用一天时间就可以完成的工作，却要花费很多人一周的时间来完成；一个原本花费一块钱就能生产出来的优质产品，却要很多人在弥补产品质量的问题上再花费一块钱！

"凡事预则立，不预则废。"做一件事，只有美好的设想是远远不够的，计划可以对你的设想进行科学的分析，让你知道你的设想是否可以实现。计划可以作为你实现设想过程的指导，大大节省你的时间，减轻压力。有了好的计划，你就有了好的开始。

2.细节为王，小能见大

老子曾经说过："天下大事，必作于细；天下难事，必成于易。"他精辟地指出，想成就一番事业，必须从简单的事情做起，从细微之处入手。三百六十行，无论做什么，都是细节决定成败。

大选期间，美国的7/11店和咖啡店里最好卖的就是奥巴马咖啡，标有麦凯恩的咖啡杯摆满了柜台，而奥巴马咖啡则经常断货。在花店，标有奥巴马的玫瑰也非常走俏，一美元一枝，供不应求。

奥巴马如此"红火"的人气，很大程度上来自于其竞选阵营注意在细节上下功夫，他们就是这样一枝一枝向顾客推销"奥巴马玫瑰"。奥巴马的"细节功夫"还体现在很多事情上，比如，在弗吉尼亚，其竞选团队想出了一个"说服大军"活动;在俄亥俄,奥巴马发动了"一百万户计划";奥巴马的竞选办公室给接触过的选民编排种类代码,然后再分门别类地做工作;奥巴马阵营招募了数以万计的志愿者律师,并将他们派往各大摇摆州;为了攻占麦凯恩的传统地盘——乡村地区,奥巴马阵营动员全国150万名义工,设立了770个办公室,渗透到每个城镇乡村进行拉票。

正所谓"举重若轻,举轻若重",越是看起来简单的事情,越要认真对待。

曾有一位人事部经理感叹道:"每次招聘员工,总会碰到这样的情形:与大专生、中专生相比,大学生的素质确实比后者高。可是,有的大学生自诩为天之骄子,到了公司就想唱主角,强调待遇。别说挑大梁了,真正找件具体的工作让他独立完成,他都常常拖泥带水、漏洞百出。本事不大,心却不小,还瞧不起别人。大事做不来,安排他做小事,他又觉得委屈,埋怨你埋没了他这个人才,不肯放下架子干。我们招人来是做事的,不成事,光要那大学生的牌子有什么用呢?所以,有时候,大专生、中专生反而更实际、更有用。"

现在,社会上很多企业急需人才,而有些大学生却被拒之门外,对此现象,该人事部经理算是道出了其中缘由。

人生价值真正的伟大在于平凡,真正的崇高在于普通。从普通中显示特殊,从平凡中显示伟大,这才是做人做事之道。

很多人不愿意做小事,但成功者与碌碌无为者最大的区别,就是前者愿意做别人不愿意做的事情。

别人不愿意端茶倒水,你更要端出水平;别人不愿意洗刷马桶,你更要刷得明亮;别人不愿意操练,你更要加强自我操练;别人不愿意做准备,你更要多做准备;别人不愿意付出,你更要多付出。

每一件别人不愿意做的小事,你都愿意多做一点,你的成功率就会不断提高。

做事不可以被大小限制、被时间限制、被空间限制,只有具有超越自我、超越时空的观念,跳出大大小小的圈子,才能成就最普通而又最特殊、最平凡而又最高尚、最渺小而又最伟大的事业。

一个矿泉水瓶盖有几个齿?

虽然我们经常喝矿泉水,但很少有人会在意刚刚拧开的那瓶矿泉水瓶盖上有几个齿。这么一个看似无厘头的问题,宗庆后居然知道答案。

说到宗庆后这个人,也许很多人都不知道他是谁,但说到他创立的品牌——娃哈哈,那一定是家喻户晓的。这个42岁才开始创业的杭州人,曾经做过15年的农场农民,栽过秧、晒过盐、采过茶、烧过砖、蹬着三轮车卖过冰棒……在短短20年时间里,他创造了一个贸易奇迹,将一个连他在内只有3名员工的校办企业,打造成了中国饮料业的巨无霸。

有一次,宗庆后参加一个访谈节目。在节目中,主持人问了很多关于他的创业、关于娃哈哈团队、关于民族品牌铸造等大家感兴趣的问题。之后,主持人忽然从身后拿出一瓶普通的娃哈哈矿泉水,考了宗庆后三个题目。

第一个题目:“这瓶娃哈哈矿泉水的瓶口有几圈螺纹?”

“4圈。”宗庆后想都没想便答了出来。主持人数了数,果然是4圈。

第二个题目:“矿泉水的瓶身有几道螺纹?”

“8道。”宗庆后还是不假思考地一口答出。主持人数了数,只有6道啊。宗庆后笑着告诉她,上面还有两道。

两个题目都没有难倒宗庆后,主持人不甘心,她拧开矿泉水瓶,看着手中的瓶盖,沉吟了片刻,提了第三个问题:“你能告诉我们,这个瓶盖上有几个齿吗?”

观众都诧异地看着主持人,不知道她葫芦里卖的是什么药。很多人赶到电视录制现场就是为了一睹传奇人物的风采,有的人还预备了很多题目向宗庆后现场讨教,可主持人竟将宝贵的时间拿来问这样一个无聊的问题。

宗庆后微笑地看着主持人,说:"你观察得很仔细,题目很刁钻。我告诉你,一个普通的矿泉水瓶盖上,一般有18个齿。"

主持人不相信地瞪大了眼睛,"这个你也知道?我来数数。"主持人数了一遍,果然是18个。又数了一遍,还是18个。

主持人站起来,做最后的节目总结:"关于财富的神话,总是让人充满好奇。一个拥有170多亿元身家的企业家,治理着几十家公司和两万多人的团队,开发生产了几十个品种的饮料产品,每日需要决断处理的事务何其繁杂?可是,他连他的矿泉水瓶盖上有几个齿都了如指掌。也许我们可以从中看到,他是如何一步一步走向成功的。"

主持人的话音刚落,演播厅内便响起了热烈的掌声。

不因小而失大,不因少而失多。越是埋怨自己工作价值渺小的人,真正给他们一份棘手的工作时,他们越是退缩而不敢接受。具有十成力量的人去做仅仅需要一成力量的工作,其中有生命的意义和悠闲的心情。在长远的人生中,这种生命的意义和悠闲的心情对于人格的形成与扩展有决定性的帮助。

许多白手起家而事业有成的人,往往在小学徒或小职员时代就能以最高的热忱和耐心去面对上司给予他们的小工作。我们不能用数量来衡量工作的大小,"大往往在小之中"。

3.多思慎行,避免鲁莽出错

金融危机给奥巴马提供了反超并拉大与麦凯恩距离的机遇,同时也向奥巴马提出了挑战。

受经济危机的影响,麦凯恩在竞选中处于越来越不利的位置。为了扭转局面、转移目标,麦凯恩一改过去美国经济基础稳固的说法,声称美国陷入了完全的经济危机,而布什总统的方案已经在参众两院陷入了僵局。为了拯救经济危机,保证民众福祉,他向奥巴马提出倡议:立即停止竞选活动,回到华盛顿与布什总统共商大计,推迟原定于周五晚上举行的第一次总统候选人辩论。

麦凯恩以退为进的策略立即让奥巴马陷入了被动的局面。如果奥巴马拒绝倡议,那他就是不顾美国经济危机安危、不顾选民利益的政客,他现在所做的任何宣传都将会失去意义;但是,如果奥巴马接受倡议,就会被麦凯恩牵着鼻子走。而且,更加深入一点来分析,如果麦凯恩回到华盛顿能够打开僵局,那他就由“越战英雄”摇身一变成了挽救经济危机的英雄,而奥巴马最多只是一个配角而已。

对此,奥巴马陷入了两难的境地。如果接受,他自己全盘的计划就会被打乱;如果不接受,又该如何来表明自己和选民的立场是一致的呢?

经过谨慎的思考和策划,奥巴马团队提出了三项挽救措施:第一是表明态度。奥巴马知道麦凯恩发出的倡议只是一种以退为进的伎俩,所以,他说不应该将选举政治带入国会,但只要布什总统提议磋商,他自会尽责任参与。不过,他不同意停止辩论,他说这应该是由两党协商才能决定的事。第二是适度地回应。为了防止留人话柄,奥巴马参与了布什总统举行的协调会,并与财政部长和国会领袖打电话沟通了相关问题。第三项工作就是对共和党进行适时的谴责。由于在众议院第一次表决中,居少数派的共和党反而投了更多的反对票,这就表明了麦凯恩的协调能力有限,根本谈不上什么领导能力。

经过缜密的思考和谨慎的行动,奥巴马又一次扭转了劣势,不但避免了僵局的继续,还给予了对方有力的一击。

"三思而后行""行成于思毁于随",这两句古语都说明了一个问题:做任何事情之前都要经过反复的考虑之后再做,不能不假思索就随意行事。现代主义先驱卡夫卡说过:"你不需要审视,也不需要聆听,只需要静默,世界将在你的足下不停地旋转,以至于露出它真实的面目。"他强调的就是思索,思索能让我们知道自己的浅薄,让我们认识到自己的过失,让我们清楚地了解自己前行的目标。

所以,在生活中,我们应该多思考几个问题:这个事情该怎么做;什么时间、地点、场合做比较合适;做这件事会对与之相关联的其他事情有什么影响;这件事情做完后会产生什么样的后果,等等。这样经过深思熟虑以后做出的决定才比较有把握,也不会出现大的失误和不良后果。

4.打造自己的核心竞争力

有一句俗语是这么说的:"不能让猪去唱歌,让兔子学游泳。"小兔子就应该跑步、小鸭子就应该游泳、小松鼠就得爬树……每个人都有自身的优势,想要成功,就要最大限度地发挥自己的优势,打造自己的核心竞争力。

对于奥巴马的胜出,《纽约日报》评价说:"2008年,决定总统大选结果的关键因素不是谁更懂政治,而是谁更懂网络。"

确实,懂得利用网络等新媒体力量是奥巴马获胜的一个决定性因素。互联网时代的特点,就是忽视身份、年龄、性别、外貌,追求绝对的平等,它成了这次美国大选影响民意的重要手段。

奥巴马作为一个新人,没有深厚的背景关系,所以较难获得财团的支持。为了解决资金的问题,他和竞选团队另辟蹊径,拒绝使用政府提供的公共竞选资金,利用网络向大众筹款。他成功地获得了美国史上最庞大的竞选资金,开创了全新的网络筹款方式。

在2008年第一个月收到的3600万美元捐款中,有2800万美元是通过互联网募集到的。2月,他筹款5500万美元,这是美国总统竞选人单月筹款的最高纪录。

根据选举中心的数字,在2008年上半年,奥巴马通过互联网筹集到了1.05亿美元,而麦凯恩仅仅斩获了7600万美元。在奥巴马胜选后,有媒体报道称,奥巴马所募集的资金中超过85%来自互联网,其中绝大部分是不足100美元的小额捐款,而这些捐几十美元的人和捐几千美元的人的投票权是一样的。

在这场选举中,由于支持者众多,奥巴马的网上募捐最终聚沙成塔,总额突破了5.2亿美元,这使奥巴马成了美国历史上筹款最多的总统。在美国深受金融危机影响的背景下,这无疑是一个令人惊叹的奇迹。

希拉里和麦凯恩也没有忽略互联网,他们都进行了大量的网络宣传。但是,他们却在互联网上留下了"高高在上"的形象,这或许不是他们的本意,但这确实显示了代沟,使得他们的网络募捐远远没有奥巴马成功。

在党内竞争阶段,美国多次全国民调显示,希拉里一度领先奥巴马达两位数之多。然而,希拉里却没能笑到最后,这与奥巴马利用网络赢得草根力量的广泛支持不无关系。

"我等不及2008年大选,宝贝,你是最好的候选人!你采取了边境安全措施,打破了你我之间的界限。全民医疗保险,嗯,这使我感到温暖……"这是2007年YouTube网站十大热门视频《奥巴马令我神魂颠倒》中的一段歌词。在视频中,一名身着性感服装的女模特在纽约大街上昂首阔步,她边走边唱。当出现奥巴马穿着泳裤的画面时,这位女模特开始热情展示自己身着比基尼的热舞,毫不掩饰地表达着自己对奥巴马的喜欢。据统计,这段视频在YouTube上被点击超过千万次,并且被无数的网站和传统媒体转载。

凡是有网络的地方,就有奥巴马。如Facebook,奥巴马在Facebook上拥有一个包含230万拥护者的群组,而在最流行的视频类网站YouTube上,仅仅一个星期,其竞选团队就上传了70个奥巴马的相关视频。Myspace和Facebook上,奥巴马的专题网站上聚集了数以百万计的忠实粉丝,这些人活跃在各个社区,为奥巴马助威。

这确实是个网络时代,在选举前一天,连广播电台都承认,看大选的最新消息,最好去网站,因为报纸、广播这些渠道的信息更新都无法跟网络相比。而且,年轻人都窝在网络上,能不能将他们争取过来是个关键,因为很多中老年的党派归属和选举倾向都已经确定了,改不了多少。这一点,奥巴马很清楚。

所以,网络一直是奥巴马的一个重要战场。奥巴马充分地利用博客、日志、视频,他甚至承诺,会定期上网进行无拘束的交谈;当选总统后,法例会放到网上供公众评论,公民可以轻易追踪联邦拨款、合同、指定款项以及说客和官员的合同。

他认为,宽带是每个美国人都需要的服务,提倡不分穷人富人、不分城市乡村地普及网络,甚至暗示可能将宽带作为公共服务提供,因此深受网民爱戴。他在Google的一个广告产品"关键字广告"上投入了数百万美元。如果一个美国选民在Google中输入奥巴马的英文名字,搜索结果页面的右侧就会出现一个奥巴马的视频宣传广告。奥巴马购买的关键字广告不仅包括自己的姓名,还包括热点话题,如"油价""伊拉克战争"和"金融危机"。

如果人们登陆他的网站,几乎每天都可以收到他或者他竞选阵营的邮件,邮件不长,一事一议,重点突出,必要时还有视频。就在麦凯恩宣告失败,人们万众瞩目等着奥巴马出现在芝加哥的庆祝会场时,他居然还在发邮件给他的支持者,首先感谢他们的支持。

在这个言论比较自由的国度,网络开辟了一个草根政治的时代。奥巴马正是看到了这一点,才笑到了最后。

所谓个人核心竞争力,即不易被竞争对手效仿的、具有竞争优势的、独特的知识和技能。例如,你十分喜欢唱歌,你的歌声也很美妙动听,但别人也会唱歌,而且唱得比你还要好,那么,演唱就只能算是你的竞争力之一,而不能算核心竞争力。核心竞争力是不易被竞争对手模仿的,并且是你所独有的本领。如果别人也有这种本领,而且比你高强,那这种本领就不是你的核心竞争力。有一位经济学家在谈到核心竞争力时说过这么一句话:"一定要有偷不去、拆不开、带不走、溜不掉的独特资源。"这种独特资源才是核心竞争力。

希尔顿饭店餐馆部里有一名不起眼的冷盘厨师。他似乎没有什么特别的长处,只能当一个打杂的,谁都可以支使他干活,谁可以说他几句。但他会做一道非常特别的甜点:把两只苹果的果肉都放进一只苹果里,那只苹果显得特别丰满,可是从外表看,一点也看不出是两只苹果拼起来的,果核也被去掉了,所以吃起来特别香甜。

有一次,这道甜点被一位贵夫人发现了,她品尝之后十分喜欢,便特意约见了做这道甜点的小厨师。从此以后,她在希尔顿饭店长期包住了一套最昂贵的客房,虽然每年大约只有一个月的时间在这里度过,但她每次来都会点小厨师做的甜点。饭店里年年都要裁员,在经济低迷的时候,裁员的规模更大,但在这些一次又一次的裁员风波里,这个职位低微的小厨师却一直能够待在饭店里,因为贵夫人是饭店的重要客人,而不起眼的小厨师则是那个不可缺少的人。

这道甜点就是小厨师的核心竞争力,使得别人无法取代他。

在这个世界上,差异化决定我们要具备核心竞争力。我们不必马上将自己定位为某一固定的角色和工种,因为一切人和事物都在不断地发展变化中,今天也许在做着文案策划,明天也有可能要从头开始学做销售,重要的是,每个人都应该明白,自己到底有什么值得让朋友、同事、上级领导及周边的人称道的东西,这些"东西"就是你的财富,就是你的核心竞争力。

5.后退是为了更好地前进

面对强敌进攻,在自己尚不具备速战取胜的条件时,采取"安守勿应,以待其敝"的防御方针,无疑是稳妥而正确的决策。因为,对于来势凶猛而又急欲决战的强敌,只有避敌之锐不与其交锋,才能保存自己的实力。三国时期,魏将司马懿挫败蜀相诸葛亮进攻的渭南之战,就较好地体现了"安守勿应,以待其敝"的作战方针。

　　三国时期,蜀国丞相诸葛亮率军10万从斜谷出兵进攻魏国,扎营于渭水之南。魏国派遣大将司马懿率军进行抵抗,其部将都主张部队前往渭水之北设阵以等待诸葛亮军,司马懿却说:"百姓和军资都在渭水之南,这里是必争不弃之地。"于是督率魏军渡过渭水,且背靠渭水而扎营布阵。司马懿对部将说:"诸葛亮如果是一个有勇气的人,当会北出武功,依托山地而向东扩展。如果他要向西而上五丈原的话,我军就平安无事了。"此时,恰值一颗流星陨落于诸葛亮营垒的方向,司马懿据此推知诸葛亮一定会失败。

　　是时,魏明帝根据诸葛亮率军远道而来利于速战的情况,一再命令司马懿要慎重战事,以等待蜀军内部的变化。诸葛亮多次挑战,司马懿都不应战。诸葛亮为此又派人给司马懿送去女人用的头巾和发饰,企图激怒他出战,但司马懿始终坚守壁垒,不为所动。

　　司马懿之弟司马孚写信询问战事情况,司马懿回信说:"诸葛亮志向远大但不善于选择时机,多于谋划但缺少决断,喜好用兵但不懂权变。因此,他虽然拥有10万大军,却落入我的谋划之中,打败他是必定无疑的。"司马懿与诸葛亮相持不战100多天后,诸葛亮病死于军中,蜀军将领烧掉营垒逃走,当地百姓跑来报告消息,司马懿亲自率军随后追赶。这是后话。

　　从这个故事中我们可以看出:司马懿通过避敌之锐,不与诸葛亮硬对硬,在顺化随和中抓住有利的瞬间击倒对方。当面对不能正面解决的问题时,躲开对方的正面攻击不失为一个明智的选择。

　　奥巴马也是此中高手。

　　在奥巴马和希拉里参加的一次电视辩论中,有现场观众问奥巴马:"奥巴马参议员,你旗下汇集了不少前总统克林顿时期的外交顾问、国策顾问和海军军官,你本人的外交经验又非常少,你既然网罗了这么多的前朝旧臣,又怎么能够依赖这些前朝旧臣来实现你改变前朝政治的愿望呢?"听到这个问题,希拉里开心地笑了,她把脸转向奥巴马:"我很想听听你的答案。"奥巴马对希拉里说:"我当选后,你也来当我的幕僚吧!"希拉里闻言哈哈一笑,不置可否。奥巴马接着解释道:"我是不拘一格降人才,不管他来自哪里。"

奥巴马简单的一句话就巧妙地避开了尖锐的问题,同时表明了自己必胜的决心和自信,还不忘顺带戏谑一下对手希拉里。

在生活当中,如果我们碰到了类似的情况,不妨也来一招"避敌之锐,不以硬碰硬"来化解面临的危机,这样不但能够给人留下机智的印象,还能让事情有一个圆满的解决;相反,如果我们"迎难而上",和对方硬干起来,不但有失形象,还有可能给大家留下咄咄逼人的印象。

在整个选战过程中,奥巴马去了两趟夏威夷,一趟去"度假",另一趟则是去看望病重的外祖母。

奥巴马去夏威夷度假的理由是疲劳,去夏威夷度假消息甫一传出,便立即招来了攻击和担忧。

事实上,奥巴马的疲倦并非主因,在选举的关键时刻,主将焉有疲倦之理?他的目的是要缓和一下选民的"审美疲劳"。民主党打了6个月内战,选民早就失去了兴趣。有关研究中心8月份的调查表明,48%的选民开始厌烦奥巴马,而厌烦麦凯恩的只有23%。《孙子兵法》说:"其用战也,胜久则钝兵挫锐,攻城则力屈,久暴师则国用不足。"去夏威夷度假,暂时淡出选民视线,首先是为了让选民得到休息。只要不被麦凯恩赶上,或者即使赶上而只要不超过太多,奥巴马就还有机会。况且,麦凯恩的支持者也会出现"审美疲劳症"。

从战术上讲,这是一种"临渊羡鱼,不如退而结网"的策略。示之以弱,能够起到暂时麻痹竞争对手、为自己积蓄能量的作用。人生中有很多问题需要我们去解决,在适当的时机,明智地掩盖自己的锋芒,转个身,退一步,你会发现,你已积聚了很多能量。

一位留美计算机博士毕业后在美国找工作,结果好多家公司都不录用他。思前想后,他决定收起所有学历学位证明,以"最低身份"再去求职。

不久,他被一家公司录用为程序输入员,这对他来说简直是"高射炮打蚊子",但他仍干得一丝不苟。不久,老板发现他能看出程序中的错误,非一般的程序输入员可比。这时,他亮出学士证,老板给他换了个与大学毕业生对口的岗位。

过了一段时间,老板发现他时常能提出许多独到的有价值的建议,远比一般的大学生高明。这时,他又亮出了硕士证,于是,老板又提升了他。再过了一段时间,老板觉得他还是与别人不一样,就对他进行了"质询",此时,他才拿出博士证。此时老板对他的水平有了全面的认识,所以越来越器重他。

遇到一时无法解决的难题时,或许往后退一步、两步、三步,都不失一种解决问题的方法。就像载有重物的汽车,它爬坡的时候,司机会减挡前行,而不是运用加挡。之所以会采取退的方式,就是为了更好地前进。

以退为进、由低到高,这是自我表现的一种艺术。能屈能伸、能上能下,正是跑赢职场的一种策略。这种策略要比硬碰硬式的短兵相接效果好很多。在谈判场合中,当双方相持不下而形成僵局时,如果一方立即压低"姿态",就隐含了一种强烈的暗示:"我都让步了,你也应该退一点吧。"这时候,对方也会很有默契地降低条件,以促成双方的共识,进而达成协议。

让步是一种暂时的、虚拟的后退,是为了进一尺而做出的退一步的忍让。让步是一种修养,并非懦弱,更不是失去人格。退一步准备之后,才能冲得更远;谦卑地反省之后,才能爬得更高。

6.每个人都是不完美的

奥巴马的第一任期并没有把他许诺的改革贯彻完美,美国还存在很多巨大挑战:陷入僵局的财政悬崖谈判;美联储预测今后数年失业率将居高不下;雅典、开罗和大马士革等地局势动荡……

但奥巴马并没有对未来失去信心,当他得知自己成功连任时,脸上隐约显出一个在他入主白宫、发现这个国家已陷入危机后一直深藏不露的雄心。他说:"我们经历了一个非常困难的时期。美国人民对变革的步伐感到失望是有道理的,经济仍在苦苦挣扎。我们选出的这名总统是不完美的,但尽管如此,这就是我们想要的那个人。这是一件好事。"

第一个任期内,奥巴马并没有把很多问题处理妥当,尤其在经济方面,失业率居高不下,债务问题也日益严重。但在选民心里,他仍是一个比米特·罗姆尼更好的选择。

2011年初,白宫高级助手戴维·西马斯开始了美国历史上规模最大的倾听行动——西马斯和他的团队连续多月、每周两到三个晚上在摇摆州一些租来的房间内秘密召集一些选民(每次8个,男女分开)。西马斯的第一个发现正是奥巴马成功的秘诀。西马斯说:"最好的是,人们信任他。"

一组又一组的选民告诉研究人员,他们认为总统是诚实的,个人生活方面令人钦佩,而且在努力做正确之事。奥巴马的诚实体现在他能够把自己的个人经历毫无保留地呈现出来,并以此证明:"我和你们(选民)有一样的人生。"而罗姆尼恰恰相反,他的摩门教背景和庞大的个人财富都阻止他在选民面前坦率地裸露自己,他避谈自己的个人背景,这给人民留下了神秘、难以接近的印象。

西马斯说:"18个月来,我听到的都是下面这些话:'我信任他的价值观。我认为他任总统期间面临的局势是50年来最艰难的。我对情况没有根本好转感到失望。'但人们始终说:'我愿意给这个家伙第二个机会。'"

每个人都是不完美的,人们更喜欢诚实的人。在罗姆尼和奥巴马的竞争上面,人们更加倾向于"把选民放在心上的人",而不是相信一个总是许诺"帮助素不相识的人赚大钱"的人。奥巴马让人们看到了他的诚实,看到了他真正在乎这个国家以及这个国家的选民。

有人说:"伟大不是指一个人具有完美的头脑、做出永远不会出错的决策,而是指一个人具有完美的品格,这种品格让他永不言弃,这种品格让他直面挑战,这种品格让他给身边的人带来极大的信心。"无疑,奥巴马就是这样的人。

红极一时的新电影《林肯》描述了通过禁止奴隶制的宪法第13修正案而展开的讨价还价、贿赂和妥协的经过,奥巴马观看之后,不禁感慨道:"林肯留给我们的一个教益是:追求最高尚的理想和道德也需要同流合污。有的时候需要做交易,有的时候需要妥协。我们所做的任何事情在某些方面都是不完美的。"

越来越多的人理性地认识到:没有人是完美的。当我们在不苛求别人完美的情况下,也应尽量让自己的人格完善,让自己做到待人真诚,以赢得他人的信赖。

7.当一个耐心的狩猎者

哈佛对于学术自由、言论自由特别重视,那里的学生思想特别开阔,常常会就一个观点辩论很久。而且,哈佛中有不同的派别,在某件事情上观点不一致,派别之间就会进行争论,在争论的过程中,大家强调自己的理由,争论往往无休止。奥巴马因为有5年的社会阅历,他明白很多事情并没有对与错,一切只在于当事人看待问题的立场与角度。因此,他养成了耐心倾听的好习惯。

每当争论产生时,他都会耐心倾听两方的意见,然后寻找一个双方都可以接受的方案来解决问题。这种耐心为奥巴马在哈佛赢得了良好的人缘,让他得到了大多数人的认可和喜欢,也让他狩到了出人意料的"猎物":成为《哈佛法学评论》第一个黑人总编。

在追求米歇尔的时候,奥巴马也充分表现了他的耐心。奥巴马被米歇尔深深地吸引住了,他很少能够从一个女人身上看到那么强烈的自信心与无与伦比的业务能力。在奥巴马眼中,米歇尔充满了知性美。有一天,他向米歇尔发出了共进午餐的邀请。

在美国,共进午餐是很平常的事情,奥巴马是用工作名义约米歇尔出来吃饭的,他的策略是循序渐进。

像米歇尔这种社会责任感很强的女人,拥有好文凭的男人不一定能入她的法眼,只有在工作能力上得到了她的认可,那个人才可能有进一步的机会。奥巴马在与米歇尔的接触中,逐步了解了米歇尔的个性。因此,他耐心地寻找着一个可以表现自己能力的机会。

终于,他等到了这个机会。奥巴马与米歇尔共同参加了一个黑人社区的集会。奥巴马在集会上充分展现了自己的能力与口才,米歇尔对他的印象大为改观,他抓住了这次机会:"我们一起看电影吧。"米歇尔答应了。

看完电影后,他们很自然地恋爱了。

无论在什么时候,奥巴马都保持着耐心和低调。他专注而敏锐地倾听别人的意见,偶尔会提出一些不失礼貌的反驳意见。但他的发言往往让人觉得是所有人意见的融合,所有人都得到了尊重,他偶尔也会谦虚地表示"这是公众的观点"。

耐心为奥巴马赢得了很多东西。他耐心地听取别人的意见,赢得了人民的爱戴,赢得了左右两派的认可。一位名叫科克·迪拉德的共和党参议员就曾由衷地称赞奥巴马:"假如奥巴马有任何敌人,那一定是纯粹出于嫉妒。我不相信他有任何正当理由的敌人。"

然而,生活中却有很多人不懂得耐心的重要意义。某些人为了达到目的失去了耐心:买只股票,明天就想成为富翁;买2元的彩票,就想中百万大奖;刚刚创业,就想日进斗金;刚刚进入职场,就想挥斥方遒;才开始立志努力学习,就梦想着考入哈佛;刚刚当上芝麻官,就想着功成名就……结果往往虚度了更多的光阴,浪费了更多的精力。心急吃不了热豆腐,耐住性子、稳住步子,成绩是靠一步一步做出来的。

法拉第出生于萨里郡纽因顿的一个铁匠家庭,尚不到12岁的他就开始做报童。他经常在一家书店学习。经过一天的劳动,大家都已筋疲力尽,唯有他一声不吭地找一本自己喜欢的书在暗淡的烛光下苦读。有时候,实在累了,他就用冷水浇头,还用指甲在手上划过,以保持头脑清醒。渐渐地,他着迷于那些奇妙的电的现象,那些化学实验也令他痴迷不已,他脑中时常会灵光一闪,想出改善实验的办法。他下班后的所有时间就是读书和做实验。这样的日子,他持续了整整8年! 他一直在艰苦的环境中不断学习,就是为了等待时机的来临。终于,他等到了机会——得到了一张大科学家戴维讲座的入场门票。

听完讲座,他对科学更加痴迷了,于是,他鼓足勇气给当时的英国皇家学会会长班克斯爵士写信,乞求在皇家学院找份工作,即便是打杂也可以。一周过去了,他寄出去的信没有得到回复。他跑到皇家学院去打听,得到的答复是:"班克斯爵士说,你的信不必回复!"

于是,他连夜给戴维写了一封书信,信中激情澎湃,写满了一个年轻人对戴维的崇拜,写满了一个年轻人对科学的痴迷……不久,他便被戴维招到皇家学院化学实验室,成了他的助手。

多年的忍耐终于得到了回报。他在1831年发现的电磁感应现象,预告了发电机的诞生,开创了电气化的新时代。他毕生致力研究的科学理论——场的理论,引起了物理学的革命。

有时我们做某些事情,短时间内得不到回报,甚至在短时间内看不到希望,这个时候,我们需要的就是充分的耐心来为自己赢得更多的机会。

犹太女作家戈迪默无疑是犹太民族的骄傲,她是第一位获得诺贝尔奖的女作家,也是诺贝尔文学奖设立以来的第7位获奖者。然而,这份荣誉是她用40年的心血和汗水换来的。

苏格拉底曾对自己的学生说:"把你们的手向前平举10分钟,每天都这么做。"一个月后,苏格拉底问自己的学生有多少人做到时,有1/3的人举手,两个月后还剩十几个人,三个月后只剩一个人,他就是柏拉图,后来,他成了著名的哲学家。

只有让自己做一个耐心的狩猎者,耐心地一步一步把事情干成,每一步都自己打下坚实的基础,每一步都给自己一个良好的交代,你才能够把事情真正地做成功。

第七章

形象管理，看起来就像个成功者

- -

1.不要忽略了自己的形象价值

有时候，"看起来就像个……"会让你更加接近那种人，或者让你自然而然地觉得自己就是那种人。在你追求能力、寻找机会的时候，不要忽略了自己的形象价值。

选举的时候，别人会因为你"看起来像个领导"而考虑投你一票；领导提拔人才的时候，会因为你"看起来像个可塑之才"而考虑提拔你；跟客户谈判的时候，对方会因为你"看起来像个可靠的人"而考虑跟你合作。

因此，任何时候，你都要把自己装扮成一个成功者，让自己早点进入成功的状态,而不要对此不屑一顾。

在成为总统之前,奥巴马从没想过,他的穿着有一天会受到人们的追捧。在美国某著名男性杂志评选的年度最佳着装人物中,奥巴马以其简约而精神十足的着装风格名列其中。

有人评论说,奥巴马独特的着装风格使其每次出现在公众面前时都是精神抖擞、魅力十足。在美国,身为一个政治人物,媒体和公众会从各方面评价他——个人才能、政策方针、外貌形象、穿衣风格。如果只注重个人能力和施政方针的提高,忽略自我形象的营造,奥巴马的支持率就不会如此之高,他会被公众认为是一个只懂政治却毫无生活情趣的人。

据媒体报道,奥巴马最钟爱的衣服品牌是有100多年历史的著名男装——哈特马克斯。这个品牌被评价为智慧、稳健、老资格,是美国本土文化的一种代表。正是奥巴马的慧眼识珠,寻找到这款适合自己气质的西装,才能在出席各种公众活动和演讲的时候,在穿着上给人惊艳之感,从而成功地吸引大家的注意力,借此推销自己,为以后的仕途铺路。对于一个普通人来说,要想成功,只注重内在修养的提升是不够的,还必须在外在的着装上完善自己。

塑造一个精神、美好的形象,并不仅仅是为了取悦别人的眼光,更重要的是让自己有一份好的心情、有一个好的生活状态。一个人形象的好坏,在成功的道路上虽然不能起到一锤定音的关键作用,却能决定你在他人心中受欢迎的程度。好的形象能令他人对你留下好的印象,给你争取更多的成功机会。

某公司的总经理助理突然辞职了,为了尽快找到合适的人选,人事部决定不对外招聘新人员,而是在行政部几位年轻的女孩中选一位。

总经理助理这个职位虽然头衔不算高,但非常重要。这个职位能够全面锻炼一个人的工作能力,更重要的是可以学到很多东西,认识一些重要的客户,积累一定的人脉资源,也能为将来升为公司的部门经理奠定基础。因此,行政部的几个女孩都跃跃欲试。

最终,通过考核和评估,总经理助理的人选定在小曼、小茜和小蕾3个女孩身上。为了公平起见,人事部决定民主选举,让大家投票。

投票的结果是,8个人中有6个人都投了小茜的票,同事们都说小茜"一看就很职业""一看就像个做事的人"。

尽管这3个女孩几乎同时进公司,年龄差不多大,能力也相当,但小茜显然要比另外两个女孩成熟多了。她每天上班都穿着一身职业装,长长的头发用水晶发夹盘了起来,脸上化着淡妆,工作的时候不苟言笑,一副干练高效的样子。

小曼是同事的"开心果",她喜欢穿娃娃衣,是个十足的"kidult"(孩童化的成年人)。她乐观开朗,心里藏不住事情,喜欢用笑话逗乐同事,连她的电脑屏幕都是蜡笔小新的图像。而小蕾则是个十足的熟女,她的举手投足间都显露出一种优雅和温顺。她常常一袭长裙,黑发披肩,看她一眼就知道她是个"乖乖女"。相比之下,显然小茜的形象更符合总经理助理的职业定位。

穿着是最能引人注目的仪表形象,也是最利于树立形象的一个方面。根据你的行业和所在国家、地区,在穿着式样上应当有适当的选择。

衣着属于自我推销的一部分,这方面通常存在非常多的需求,但不必规定某个人必须穿什么衣服。每个人都必须知道,他所处等级层次和职业环境中的人通常应该怎样穿着。如果对服装的鉴赏力较差,建议去听取一位善于着装者的劝告,协调整理一下衣橱。

服饰有多种风格,作为一位领袖,应该知道的着装准则是:着装应当设定在特定的风格中,是长期西装革履还是休闲装,应该做出一个选择。另外,服饰的基本色调也很重要,一般情况下,中性色肯定没有错。

作为一个领袖,必须为自己的形象进行必要的投资,也就是准备几套高档的服装,耐穿、好看、搭配方便,没有明显的流行特征。在服饰上的投资,应当是收益之后的第一项投资项目。

但最重要的是,个人气质应当与外在的形象一致。如果忽略了个人的气质,那就与沐猴而冠差不多,只会给大家提供笑料。这方面没有什么具体的建议,一个通用的原则要牢记:如果你仪表堂堂,是天生的衣服架子,那穿什么都无所谓;如果身材条件一般,建议你准备几套名牌服装,一方面名牌服装用料讲究、做工精细,谁都能看得出好,另一方面,也可以增加你的自信心。

此外,个人形象设计还要注意细节。必须重视的细节包括各种小的服饰,如袜子;小的饰品,如戒指。

2.把话说得与众不同

奥巴马的演讲有一个鲜明的特点:善用排比。他只需用几个连续的句子,就能让整篇演讲稿显得气势恢宏,拥有无人能阻的力量。在2002年发表的反战演讲中,在质疑当局的伊战政策时,奥巴马说道:

"你想打仗吗,布什总统? 那么,让我们这样结束对本·拉登和基地组织的战争:通过高效协同的情报部门,封锁恐怖主义的资金网络,建立健全的国土安全体系,而不仅仅是用颜色分级的警报。

"你想打仗吗,布什总统? 那么,让我们先打一场仗,保证联合国视察员可以履行职责,督促我们严格遵守不扩散条约,保证像俄罗斯这样之前的敌人和眼下的盟友保护和最终消除它们的核武器库和核原料,禁止印度和巴基斯坦这样的国家不使用它们已经拥有的这种恐怖的武器,并确保我国的军火商人不再为这地球上数不胜数的战争添油加料。

"你想打仗吗,布什总统? 那么,让我们先为中东伙伴而战:确保我们在中东的那些所谓盟友沙特和埃及不再压迫它们的人民,不再压制反对意见,不再纵容腐败和不平等,不再祸害它们的经济,否则,它们的青年就是在没有教育、没有前途、没有希望的环境下长大,成为恐怖组织的生力军。

"你真的想打仗吗,布什总统? 那么,让我们先为能源而战:制定明智的能源策略,不是去迎合埃克森-美孚这些石油巨头的利益,而是要摆脱我们对中东石油的依赖。这才是我们需要的战争,这才是我们愿意奔赴的战场,让我们对无知和狭隘开战,对腐败和贪婪开战,对贫穷和绝望开战。"

奥巴马的演讲极具感染力和号召力。在参选总统的声明中,他回忆自己奋斗的最初阶段时说,正是在春田,他看到了美国的中坚力量——农民、教师和工人,每个人都有着自己的故事和经历,他们勇于发言、勇于表达自己的思想和观点,这让奥巴马感到很亲切。他说,在春田的时候让他学会了很多,比如以一种不令人讨厌的方式表达自己的反对意见。

奥巴马运用极具节奏感和感召力的语言表达方式,刺激着听众的神经,鼓舞着每个人的心。虔诚的听众也紧紧地被他吸引,把他的演讲当成享受与心灵的洗礼,潜移默化中接受了奥巴马的理论和观点,他也因此成功地将自己推销了出去。

写文章讲究"读书破万卷,下笔如有神"。说话其实和写文章是同一个道理，只有自己看的东西多了，才能够妙语连珠，说出有水平、有见解、有说服力的话。

许多人和朋友在一起，或者与陌生人交谈，常常无话可说，于是就抱怨、哀叹自己口才不好，或者埋怨自己胆子太小。其实，好口才并不是天生的，也不是说胆子足够大就可以，好的口才要有足够的底蕴作为基础。

作为中国地产界较为成功的领袖之一，潘石屹拥有诸多令人羡慕的荣誉和头衔。在"中国十大地产影响力人物"的颁奖典礼上，曹可凡问潘石屹："在'潘董事长''地产巨鳄''商界十大风云人物''十大地产影响力人物'这些称呼中，你最喜欢哪一个？"

潘石屹淡淡地回答："世界上有一种最危险的歌唱，叫作塞壬的歌唱。传说奥德修斯的船航行到塞壬海峡的时候，海员们必须塞住耳朵，否则会因为受不了塞壬的歌声诱惑而投海身亡。现在，我觉得你说的那些称呼就像塞壬的歌唱。其实，我喜欢的是一个非常普通的名字——'许三多'，没有任何荣誉和头衔，却在默默的行事中体会着人生的快乐与幸福。"

潘石屹为人处世低调平和，对虚名一向看得很淡。但在颁奖典礼这样的场合，倘若他直言自己对虚名的不屑，无疑是不合时宜的。因此，他没有正面回答曹可凡的问题，而是巧引希腊神话中"塞壬的歌唱"来类比荣誉和头衔，幽默而委婉地阐述了自己的立场，然后再用大家熟知的"许三多"的例子，生动而深刻地道出了他一贯的人生态度，有效避免了直面回答可能导致的尴尬，在不经意间达到了"他山之石，可以攻玉"的效果。

一个人要想在演讲中抓住听众的心，就必须具有鲜明的个性和独特的语言表达方式，千篇一律的文辞与文法只会让人感到乏味。这样的演讲无法引起他人的注意,反而会使听众对演讲者本身产生厌烦情绪。要想让大家接受自己,就必须有独特的语言风格,让自己的演讲新鲜而有魅力。只有出新出奇才能制胜,才能征服听众挑剔的耳朵,实现自身价值的飞越。

3.好品位让你更受欢迎

一个人的长相是天生的,没办法更改;而品位则是后天培养的,它涵盖了一个人相貌之外更多的东西,是一个人综合素质的体现。

品位高的人,他的生活优雅、精致、有情趣、有格调、有追求、有意义;品位低的人,生活随意、敷衍、粗鲁、低俗,对生活往往也没有多高的要求,得过且过。

要想在别人心里是个有品位、有涵养的人,你就得真正地充实自己,让自己全方位地成长起来,成为受人欢迎、魅力四射的人。

奥巴马无论走到哪里,这个总是面带微笑、皮肤黝黑的男人都会受到明星一样的欢呼和拥戴。美国从来不缺少成功人士,无论是政界、商界还是其他领域,但从没有一个人像奥巴马一样耀眼。很多观察家在评论奥巴马的时候,不仅用成功来形容他,更多的时候,他们会用"时尚""优雅"这样的字眼。在这些人眼里,奥巴马不仅是政坛才华卓越的政客,更是风度翩翩、举止优雅的成功男人。

有一则新闻报道这样形容奥巴马:"当对手或者反对他的人向他咄咄逼问时,他总是面带微笑地注视着发问者,好像在倾听一个老朋友的谈话。对方发问完毕,他总是礼节性地伸手示意他坐下,或者用目光向他表示感谢。"这段描述是赞扬奥巴马的文字中普通的一段。如果不知道奥巴马的身份,只看这一段文字,我们会以为这是在描述一个绅士,一个来自英国或者经历过高等教育的极富涵养的绅士。在美国大选还没有完全结束的时候,嗅觉敏感的服装设计师就感觉到奥巴马将引导一种潮流——优雅、有气质的成功男士。他们立即按照奥巴马的风格设计了一系列服装,大受消费者欢迎。

奥巴马身上的优雅也得益于他的夫人。米歇尔·奥巴马出生于一个美国黑人工薪家庭,在美国最著名的大学接受过教育,之后从事律师工作。她身材高挑,气质独特,对穿着打扮有自己独到的见解,曾被媒体评价为集智慧、优雅、时尚于一身。她在竞选中的表现也为奥巴马增色不少,很多人由于她的缘故而关注奥巴马,并为他投上自己宝贵的一票。在2008年的美国总统大选中,奥巴马的个人能力出类拔萃,他的优雅也无人能及。这让他从中受益,最终脱颖而出,成功地向大家展现了自己的魅力。

生活中,有些人的穿戴和外表包装可谓世界一流,可他的行为、举止和修养却不能反映他外表的质量。有很多人把形象设计的概念理解为外表包装和视觉感官上的提升,而根本不注重自身内在的修养,这实在是大错特错。提高个人修养才是关键中的关键。

个人的修养包含自身文化素质的提高、情操的升华,以及对人类心理的理解,对人们行为动机的理解和对基本人性、人格、社会、文化等的理解。它需要你能够体会他人的心理反应,预测产生的结果及你的行为可能会留下什么样的后果。当你有了优雅的举止,你就会脱颖而出,与此同时,你的影响力也会随之提升。

我们生活中大部分的快乐都是通过有修养的行为得到回报的。我们每时每刻都在心里判断、评价一个人。陌生人的一个微笑、一句真诚的感谢，立刻会赢得我们由衷的赞赏："真有修养！""真懂礼貌！"同样的道理，无论你是什么人、你在做什么，每一个场合、每一分钟，只要有人在，你的一举一动、一言一行都在表现着自己的修养。

修养常常不表现在大事上，而是反映在小节上。你以为无人在意，但你这是在掩耳盗铃。修养体现在我们的一举一动之中，有良好社交举止的人并不一定就有修养。一些人幼稚地以为尖锐、强悍的做事方法会获得别人的重视和尊重，这种理解是错误的。在文明社会里，一个优雅高尚让人尊重的形象，绝不是来自争斗、金钱的堆积和权力的掌握。因而，有人总结道：有钱买不来影响力。所以，学着让自己的形象优雅起来，举止高尚起来，有一天，你也会得到别人的青睐和赞赏，在自己创造的良好气氛中取得梦寐以求的成功。

一个人外表有品位很容易做到，只需要稍加用心就可以了。而想提高修养品位，那就得下一番功夫了，应该抽出大量的业余时间充实自己。当你不断地去充实自己的内心，人们会看见一个一天比一天睿智、一天比一天洒脱、一天比一天高雅的你。

要提高自己的品位，首先需要增长见识，特别是文化方面的修养。不要把自己局限在个人的小圈子里，两耳不闻天下事。有空可以多泡图书馆，听音乐会，参观名人书画展、艺术品展览，多参与一些文化人组织的活动。虽然这些活动你未必都感兴趣，但多参加能使你从优秀作品中汲取营养、开阔视野、丰富知识、陶冶情操，从而提高你的文化底蕴和文化修养，让你在不知不觉中受到文化的洗礼。

读书不只是读的问题，更重要的是丰富自己、增长知识、提高品位，自我沉淀。有一句西方谚语："你读什么书，就会成什么人。"从一个人对书籍的态度，就可以看出他的性格、思想以及生活态度。

每天抽出一点时间坐下来，品品香茶，读读好书，这样会在不知不觉中提高你的文化品位。"读一本好书就是与一个高尚的人交谈。"反之,读一本坏书就是跟一个思想下流的人打交道,长期受他的影响,那就会"近墨者黑",所以,一定要警惕自己休闲的品位。选择书的时候,一定要读好书、读水准较高的书,而不要在一些低级书刊中寻找刺激,荒费时间,这对提高你的人格魅力和文化品位没有丝毫帮助。

4.善于倾听是最贴心的交流

古希腊有一句民谚:"聪明的人,借助经验说话;而更聪明的人,根据经验不说话。"西方还有一句著名谚语:"雄辩是银,倾听是金。"中国人则流传着"言多必失"和"讷于言而敏于行"这样的济世名言。

奥巴马是个善于倾听的人,如果不倾听民意,他就不会制定出如此多的利民政策。以往很多美国总统总是强调富人的利益,他们会制定相关的政策法规保护已经非常有钱的人群利益不受侵害,却忽视了贫困人民的生活疾苦。有人说,很多美国总统是为富人服务的,因为他们当初的竞选经费绝大部分都来自富人的口袋。但美国不富裕的人占大多数,他们需要一个自己的代言人,为自己说话、为自己着想,奥巴马的出现正切合了他们的需求。他制定了有利于收入处于低水平的人群的税改政策,他承诺为他们创造就业机会,给他们相应的医疗保险扶持。这些举措为奥巴马赢得了大众的支持,而一味强调保护富人利益的麦凯恩就得不到广大普通美国民众的青睐。麦凯恩的政策体系中制定了很多让上层人士得利的方针。有评论指出,如果麦凯恩上台,美国的贫富差距将会更大,美国社会的发展也不会像人们想象得那么美好。所以,麦凯恩才会被淘汰,他是被广大美国民众淘汰的,每个人都不希望看到一个自己不喜欢、也不代表自己利益的人主掌美国大局。从这个方面讲,奥巴马是聪明的。想成为一个国家的领导人,就必须懂得倾听,明白民众心中最急切的呼喊,才能更好地为他们服务,从而得到他们的支持。

倾听是有效沟通过程中最强有力的一环。善于听别人说话的人,能给对方正确的反馈,说话的人会有惺惺相惜之感。说话人知道,你的确在听他说话,这样,他就会更投入、更热忱、更愿意回报。

只要学会怎样以有条理的方式听别人说话,你就会觉得听别人说话很容易,也很有趣。你在为别人效劳的同时,对自己也会有所助益。要达到这样良好的效果,就必须积极地倾听别人说话。你要自动投入,因为这不只是让声波进入你的耳朵,在谈话过程中,你必须保持灵敏、主动,克服不良的听话习惯。

听他人说话的时候,不是从你自己的观点来听,而是主动地听,并接受对方所说的内容。就我们自身而言,积极倾听也许是个全新的观念,你可能从来都没想到过这回事。你或许认为听的能力是与生俱来的,可是,如果你愿意考虑新的途径,你可能会获得最有效的沟通。只要你愿意对别人表示真正的兴趣,希望成功地和别人相处,你就会有愉快的经历,绝不会后悔。在听别人说话的过程中,如果能对别人说的话进行充分吸收,你们之间的沟通就会更有效。长期将积极倾听的方法运用到沟通实践中,你的沟通能力自然会得到提高,而沟通能力的提升带来的是人际关系的改变。

懂得倾听,甚至懂得接受抱怨和保持适当的沉默,可以在恰当的时候迎来改变自己命运或者事业的良机。每个不甘于落后、想寻求新的发展的人都要学会倾听,它是心与心的交流,它让你与陌生人不再陌生,让有距离感的人变得亲近。学会倾听,别人的心情会变得顺畅,而你自己也会受益匪浅,成功或许就在这种美好的方式中悄然而至。

5.微笑成就美好人生

从奥巴马念大学开始,他就是众人公认的英俊男子。年轻、幽默、充满活力,还有迷人的笑容,无论走到哪里,他都能吸引众人的目光。

有人说,就脸部表情而言,微笑是最具有社交能力的,它的存在使人与人之间更易于沟通和交流,奥巴马无疑深谙此道。无论是面对选民、政府官员、外国元首还是素不相识的人,奥巴马都会报以亲切的微笑,与他自然地交流。这也是他为什么受到如此多人喜爱的原因。

每一个追寻崇高目标的人都会遇到波折与劫难,奥巴马也是如此。但不论困难多大,他都会微笑面对。他的字典里没有愁眉苦脸的字眼,他知道消极面对并不能解决问题,所以不如微笑乐观地接受挑战。

当一个人成为领袖或即将成为领袖时,他的一举一动都会受到支持者的关注,每一句话甚至每一个动作都会被别人解读。人们对奥巴马的微笑的理解是,这是一种乐观、积极、勇往直前的态度的表现。大家在他的笑容里看到了一个全新的领袖形象,不同于过去很多政坛大佬的传统、守旧,奥巴马代表了一种新风尚。许多人都在效仿,他们学着像奥巴马一样微笑地面对生活,从精神上紧紧与偶像同步。

在竞选过程中,一些极端分子突然指责奥巴马"不够黑",这样的问题奥巴马从没遇到过,他只听过别人说自己太黑。面对突如其来的攻击,奥巴马有些不知所措，但他并没有惊慌失措，仍然微笑应战。回到自己的办公室，他开始紧锣密鼓地寻找应对方法和策略。

奥巴马就是这样，无论遇到什么事，他总是先以微笑示人。越来越多的人被他感染，很多从前不支持他的人也因为他发自心底的真诚笑意而来到他的身边。

真诚的微笑如春风化雨，润人心扉。微笑的人给人的印象是热情、富于同情心和善解人意的。你在出门前对镜子笑一下，就会获得好心情和动力，这样的人更容易获得成功。

在一次大型轮船展销会上，一位来自中东的富翁对站在他面前的推销员说："我想买艘汽船。"那位推销员很周到地接待了富翁，只是他脸上冷冰冰的，没有笑容。这位富翁看了看那张冷冰冰的脸，然后走开了。

他继续参观，到了下一艘陈列的船前，这次，他受到了一个年轻推销员的热情招待。这位推销员脸上挂满了欢喜的笑容，那微笑像太阳一样灿烂，使这位富翁有宾至如归的感觉。所以，他又一次说："我想买艘汽船。""没问题！"这位推销员脸上带着微笑说，"我会为你介绍我们的产品。"最后，富翁交了定金，如愿买下一艘价值2000万美元的汽船。

微笑其实很简单，没有人富到对它不需要，也没有人穷到给不出一个微笑。我们从心底发出的微笑，能传达出许多情绪信息，它似乎在对人说：我喜欢你，我是你的朋友，也请你喜欢我。心理学家分析后认为，如果你对他人微笑，对方也会回报以友好的笑脸。但在这回应式的微笑背后，有一层更深的意义，那便是对方想用微笑告诉你，你让他体会到了幸福。由于我们的微笑使对方感觉到自己是一个值得他人表示好感的人，从而有一种被肯定的幸福感。所以他也会快乐地对你微笑，这便是为什么微笑那么容易感染人的原因。

密西根大学心理学教授米柯纳的研究表明，比起紧绷脸孔的人，面带笑容的人在经营、推销以及教育方面更容易取得成效。笑脸比紧绷的面孔更有感染力，更有可能在人际互动中占据主动，师生之间、夫妻之间、亲子之间、上下级之间无不如此。既然微笑有这么大的魅力，那就让我们经常保持微笑，让微笑来提升我们的影响力，帮助我们成就美好人生，实现自己的价值。

6.内在魅力的自我修炼

要成为领袖，除了要在外表上包装自己，还要注重魅力的修炼，培养出自律、宽容、诚信等良好的品行。作为领袖，自我修炼虽是最难做到但也是必须花大量心思去做的。

奥巴马之所以受人欢迎，是因为他懂得一些做人的技巧：体贴别人、关心别人、想别人所想。他总会在最及时的时候提供给别人最需要的东西。

金融危机爆发后，奥巴马立即与自己的团队制定了相关政策，承诺上台后会保护最贫困人群的利益，在未来两年创造250万个就业岗位，使失去工作的人重新获得生活的勇气与资本。他还提出让在经济危机时哭穷的汽车公司老板下台，因为他们不仅没管理好企业，还使那么多人失去了工作。

应该说,奥巴马之所以能受到大多数人的欢迎,是因为他把自己当作众人的"守护神",想要为每个人排忧解难。每个身处困境的人自然会被奥巴马感动,把他当作亲近的人,支持他、喜爱他。

其实,想要受欢迎并不难。卡耐基认为,如果你想受到别人的欢迎,可以列出一些令人尊重并且自己也想培养的性格,然后采取行动,增强这种意图。

(1)自律

自律就是依据个人已经形成的道德理想和标准而进行的自主选择和自我约束。自律就是要克制自我的劣根性。不懂得自律的人,即使能够成功,也会如昙花一现。

在人类的历史上,道德一直是规范人的行为、调整人们相互关系的巨大力量。这种规范、调整作用是通过人的自律实现的。自律是相对于纪律、法律等的外在约束而言的。同样面对抢劫的歹徒,有人会挺身而出,伸张正义,有人却站在旁边,麻木不仁;同样面对行贿者的金钱,有人可以婉言谢绝,有人则伸手笑纳……自律是通过社会的道德教化和个人的道德修养双重过程形成的。自律成了有道德的人和没有道德的人的分水岭。一个自律能力差的领袖是一个失败的领袖。由于领袖所处的特殊位置,意味着你要比普通人面临更多的诱惑,而怎样把持自我就成了衡量领袖个人魅力的最终标尺。试想,一个连自己都管不好的人,怎么能管理好一个群体组织,成为人们的精神领袖呢?

(2)胸襟

胸襟是一股用尽天下之才、天下之利的气度,是对异己的包容,对陌生的包容,对不如己者的包容。只有这样,才能形成一种从广大处看人生的态度,让生命的境界变得广阔无疆。

领袖不同于普通人的地方在于,他是追随者的希望与期待,不仅要和本组织内部的人打交道,还要和与组织有往来的其他团体或个人打交道,而在与人沟通的时候,胸襟会很好地表现出独特的领袖气质。

美国的杰拉德·福特总统就职时，正值总统名声被尼克松弄得污秽不堪时。为了挡住记者们的唇枪舌剑,福特总统不惜自我嘲讽,借以保持良好的形象。记者们声称:"他(指福特总统)的大脑曾经在打球时受伤变得愚钝。"他并没有恼羞成怒,而是召开记者招待会,以戴上旧时球帽的做法含蓄地进行回击。福特的精明之处在于,他在报界攻击他的臀部大时已极尽可能地嘲笑了自己,在别人攻击他无能平庸时已早早坦率承认了自己的平庸和无能。在这种情况下,别人再杜撰他的笑话,当然只能是自讨没趣。这样的做法,不仅使得福特的总统形象毫发无损,还给人们留下了一个有修养、胸襟宽广的印象。

最深奥有效的领导艺术是不必去强求别人怎么做,别人就会主动为你考虑,尽心尽力为你做到最好。而要达到这样一种境界,最不能缺少的就是宽广的胸襟。

你的追随者可能是一个精英分子,也可能是一个平庸之辈。由于每个人的个体差异,能力的良莠不齐也就在所难免。在处理这些问题上,如果没有一定的胸襟,你将会面临巨大的危机。最理想的方式就是既解决部属的问题,还能够让部属高高兴兴地工作。这并不简单,真正能做到的人可谓寥寥无几。可是作为领袖,你必须做到,甚至于要把这视为追求的最高境界。

(3)热情

有的时候,我们仿佛习惯了漠然和回避,不愿做出热情的举动,引起他人的注意,却完全没有想到,身边的人们是多么希望得到热情之光的照耀。

在部门每周的例会上,领导说完了话之后,同事们都习惯性地低下了头,很少有人说一些自己的想法和建议;在某些会议场合,我们习惯了坐在后排,任凭前面几排的座位空着,也要到角落里自己搬凳子坐;我们懒得在打开办公室的门之后,对已经就座的同事们充满热情地问好……是的,我们对谁都没有恶意,却常常成为"冷场"的罪魁祸首,而且这种冷场又是任何一个组织的领导者所不愿意看到的。

而在大多数人都停留在"没有恶意"的状态中时,那些充满热情的人早就占据了人脉场上的先机。因为热情意味着与人为善、友爱、关心、尊重、友谊……更重要的是,热情的行动能让每个人心中都存在的因子表达出来,成为人们可看可感的亲切。这些都是赢得人们好感的因素。同时,总能保持热情的人拥有一种积极向上的生命力量,这种气质像一块磁铁,把伯乐、朋友、贵人、福气带到你的身边。

对人普遍的、持之以恒的热情并不一定能得到他人及时的回应,但你的问候、微笑一定会潜入他的心里,对他的思想、态度产生无形的影响。正所谓"礼多人不怪",真诚的热情带来的效应永远不可能是负面的。

一个真正成功的人,往往都有独特的关心他人的方法。当你平时的关心、鼓励日渐汇聚在他人身上时,对对方而言,他的内心会对你产生感谢、感激或者感恩之情,以后会试图采取各种办法回报你,如果碰上一个能够回报你的机会,他往往会毫不犹豫地行动起来。

孟子曰:"爱人者,人恒爱之;敬人者,人恒敬之。"由此可见,如果你能够经常对别人表示出关心和爱护,那么别人对你也会有同样的举动。所以在生活中,无论你是否有求于对方,都应该对别人多一点关心,这样别人也会回报你更多的关心,如此一来,你做事情就会多一些助力、少一点麻烦。当世上没有阻碍你前进的绊脚石时,你想要达成的目标还会远吗?

对此,著名心理学家阿德勒曾说:"对别人漠不关心的人,他的一生困难最多,对别人的损害也最大。所有人类的失败,都是由这些人造成的。"

7.形象受损时的危机公关

树立一个良好的形象绝非一件易事,而要毁掉一个形象却可以不费吹灰之力。当形象处于受损的情况时,领袖更要具有危机处理能力。

奥巴马充满传奇色彩的个人经历中,除了从名不见经传的参议员击败各路好手一跃成为美国总统,他小时的街头混混生涯也成了人们津津乐道的话题。

奥巴马在自传《源自父亲的梦想》中说:"我在十几岁的时候是个瘾君子。当时我与任何一个绝望的黑人青年一样,不知道生命的意义何在。"他酗酒、吸毒,在街头游荡,肆无忌惮地做着他们认为正确的事。年轻的奥巴马还用情不专,17岁的时候和一位漂亮女孩相爱,女孩对他死心塌地,奥巴马却经常与其他女孩有来往。高中毕业前的舞会上,奥巴马竟然狠心地将交往一年的女友抛弃,并迅速与一位年纪更小的女孩打得火热。不久之后,这位女孩也同样遭遇了分手的下场。

2008年,当奥巴马参加竞选的时候,一个小时候的玩伴威胁奥巴马,让奥巴马给他一笔钱,否则就捏造关于奥巴马的丑闻,让他的竞选之路蒙羞。奥巴马对此哭笑不得,他对媒体感叹道,一些原本微不足道的小人物,只要跟他扯上关系,有一丁点儿瓜葛,就会被无限放大到难以想象的程度。而这就是奥巴马遇到的困境,他的竞争对手会抓住哪怕一丁点儿的污点诋毁奥巴马,破坏他的形象,将他赶下竞选舞台。

但奥巴马是坚强的,面对已经犯下的错误,他勇于改变。为了改变自己,奥巴马到洛杉矶西方学院读书,到哥伦比亚大学读书,用先进的思想熏陶自己。在这里,他埋头学习、努力工作。在哥伦比亚大学出版的一本校刊中，奥巴马这样回忆自己的哥大时光："那是埋头苦读的日子，我大部分时间都在图书馆，没参加过什么交际活动，过着僧侣般的生活。"改变就是从这一刻开始的。在无穷的书籍中，奥巴马渐渐领悟到应该为他人做点什么，不能像从前那样自私、放荡，他渐渐具备了社会责任感、爱和关怀。他开始理解父亲、理解母亲，也理解那些曾经无意中伤害他的人。他想：我应该做一些能使他人生活得更好的事。所以，他积极参与各种社会事业，为资金短缺的社会机构筹款。他参加演讲，为众多曾经像他一样挣扎在痛苦边缘的人寻求解决的方法和具体利益。

奥巴马就是这样慢慢改变了自己曾经放荡的形象。在他从政之后，人们看到的只是一颗冉冉升起的新星，看到的是他的优秀和与众不同。当人们无意间知道了他曾经的不羁往事后，总会不断地赞叹，没想到他现在会这样优秀。一个年少时劣迹斑斑的黑人青年就这样征服了人们的心。

人的一生中错误总是在所难免的，身为领袖不仅要承认自己的过失，更要有超出常人的勇气与承受能力。坦然地承认自己的失败，有时会让追随者更认同你，也有助于提升你的形象与魅力。

前任美国总统小布什就很善于利用媒体来营造较好的个人形象，并在其幕僚的协助下，把总统职位改造成了一个礼仪性、象征性而又极具威力的职务。他不仅关注总统的形象，也关注总统业绩的积极展示。尽管布什的内阁成员（如切尼、拉姆斯菲尔德等）经常成为媒体炮轰的对象，但布什却始终置身于与媒体的冲突之外，看上去就像一个慈父。在耶鲁的学习经历中，布什继续了他在组织方面的优异表现，虽然学习成绩平平，但在社交和领导才能方面却是硕果累累。

布什还有针对性地展开自我包装工作。在"9•11"之后，他在硝烟未尽时跑去纽约现场凭吊死难者并安慰受害者家属；为了避免"文明的冲突"，他特意走访了华盛顿的伊斯兰中心，表示"无论从哪个方面，我们都没有把这看成一场宗教战争……伊斯兰人民崇尚和平，穆斯林信仰是和平的信仰……"；为了帮助共和党扩大在国会和州政府的优势，他"飞翔"于全国各地，为共和党的候选人助威、拉票，俨然共和党"教父"的姿态；为了不厚此薄彼，他不仅经常请主流媒体的记者来白宫做客，还于2003年10月13日特别接受了5家地方媒体的专访，使这些平时难有机会报道白宫事务的地方媒体受宠若惊……

不仅布什在积极地"表演"着，他手下的人也都热情地与媒体周旋着。像布什一样，国防部长唐纳德·拉姆斯菲尔德和美国负责伊拉克战后重建事务的最高文职行政长官保罗·布雷默都与地方媒体有过亲密接触；国务卿鲍威尔是"春天"派，扮演着较温和的鸽派角色，在鹰派过激时做出些纠偏式的举动，让舆论保持一种微妙的平衡……

就这样，布什不仅得到了美国公众的大力支持，还赢得了媒体的好感和敬畏，白宫官方网站还通过不定期的"向白宫提问"的公开聊天节目拉近普通民众与国家领导人的心理距离。所以，即使布什说了错话，做了傻事，报道出来的结果也显得十分亲切，就像他吃饼干噎了之后，媒体很快便把他母亲的忠告搬了出来，人情味十足。

在白宫上下的努力下，布什的任职表现使人们相信，在他的任期内，美国有能力面对一切危机，经济会慢慢好起来，全世界自由民主的进程也会因此而加速。事实上，总统及其幕僚们每一天都在煞费苦心地制造有利新闻，消除负面新闻，以通过新闻媒体的宣传确立让他们满意的形象。

当错误出现、危机发生，领导者最重要的就是尊重自己的追随者，及时承认自己的错误。越想方设法为自己辩解，越无限期拖延，企业受到的伤害就会越大,结果也只会越糟。

而对勇于认错的企业来说,危机完全可以转化为机遇。

只有真诚沟通才能换取信任。认错是一种态度、一种责任,也是企业危机初露时必不可少的姿态。虚心认错,积极改正,消费者才会宽容以待;逃避责任,不敢认错,企业最终会翻船。

在发生危机或面临挫折的时候,领导者要能够充分自控,并在理智、冷静的基础上做出审慎的选择。这里所说的自控包括:在高压的环境中能够控制自己的反应,并且让自己和团队镇定下来,冷静处理问题;明确自己的位置和影响力,懂得自己随时都在被他人(上级、下属、其他部门乃至客户)关注;利用各种机会,通过自己的一言一行影响团队,等等。

除了自省和自控,领导者也应当时刻保持自律,无论在什么时候,都要以身作则,不能有特权阶级的作风。

第八章

知识管理,学习是进步的永动机

1.榜样的力量是无穷的

榜样的力量是无穷的。树立榜样,仔细研究推敲他们的成功经验和成功模式,能够让我们在很短的时间内改进自己的缺点,并使自己的能力得到提高,让自己在成功的道路上少走很多弯路;发现他们失败的过程和失败时所做出的反应, 我们能够知道哪些事情的问题出现在哪里,能够知道哪些错误可以犯,哪些错误不能犯。

奥巴马向很多伟人学习过,在演讲方面,他对美国经典的演讲进行了认真研究,他的风格很像林肯和马丁·路德·金,他能够熟练地运用修辞和逻辑,紧紧抓住听众的心理,有意识地营造出一种历史感、使命感和传承感……

　　在走向总统之路的过程中,他学习肯尼迪展现自身魅力。肯尼迪也是从参议员的职位上竞选总统的,奥巴马因此得到了竞选总统的勇气。在纪念肯尼迪就任总统50周年时,他说道:"在我心目中,约翰·肯尼迪并不是一个凡人,而是一位偶像,一个富有传奇色彩的人物,在地球上度过了短暂而光辉的时光。"

　　成为总统之后,奥巴马又有了新的学习榜样。2011年,美国《时代周刊》刊登了一张奥巴马和里根在一起的封面,那一期的封面文章标题为《里根:奥巴马的榜样》。

　　2010年5月份,奥巴马曾经邀请一些研究总统执政的史学家到白宫共进工作晚餐。奥巴马在晚宴上敦请学者们给出一些前任总统执政期的经验。随着宾客交流渐入佳境,史学家们逐渐感到奥巴马似乎对谈论林肯的工作班底不感兴趣,对讨论肯尼迪的智库也兴致不高,他对保守派总统里根所做出的成就兴趣比较大。

　　负责编纂里根日记并两次出席晚宴的Douglas Brinkley说:"榜样因素会影响到许多政策,而榜样的作用各不相同。奥巴马在以里根式的方法履行着责任。"

　　其实,奥巴马在发表第二次国情咨文演讲时,里根的榜样政策已体现其中。他在演讲中提议冻结可自由支配开支和联邦政府雇员工资,推动简化税法和削减百亿美元的国防预算,同时,他还呼吁两党共同努力改革社会保障体制。以上每一条建议都是由身处第三年任期,在高失业率期内遭遇中期选举失败的总统所提出的。里根曾在1983年的国情咨文演讲中表示,在未来两年内,两党各派人士和各种政治势力要重视政府在今后的长期合作和两党共同承担的责任,而不应由短期的党派政策所左右。

奥巴马在那些伟人身上学到了很多东西,最终成就了自己。现在,他本人也成了千千万万青年的榜样。

或许你想成为巴菲特那样的大投资家,或是成为FBI联邦特工那样的人,又或是当一名像茱莉亚·罗伯茨那样的电影明星……而当你有了这样的精神崇拜者之后,你的内心就会把他们的一切优点变成自己潜意识的一部分,而且是最重要的一部分。你在想要成为这样的人的时候,会在言谈举止或者是行为处世上向这些精神偶像靠拢。

1941年,他出生于日本大阪一个贫寒家庭。小时候,他的邻家大叔是一位木匠,常带他玩,并教会他用木头制作各种玩具。13岁时,他和木匠大叔合作,在自家的房子上加盖了一间阁楼。看着自己的这件"作品",他非常骄傲,并由此确立了理想——当一名建筑师。

高中毕业后,因家庭贫困,他放弃了大学梦,但他并没有放弃做一名建筑师的梦想。走入社会后,他干起了家具制作和室内装潢的工作。但这些工作不仅离成为建筑师的梦想非常遥远,而且收入极低,甚至无法维持基本的生活。他非常苦恼,不知道自己的出路在哪里。

一天,他偶然在一个旧书摊上发现了瑞士建筑大师勒·柯布西耶的建筑作品集,立刻被那风格独特的设计所吸引。他想买下这本书,可钱不够,于是央求老板一定要替他保留这本书。他忍了几天饿,终于凑够了买书的钱。

柯布西耶的书不仅让他知道了什么是建筑,还让他找到了自己的人生出路:柯布西耶也没有受过高等教育,是通过自学成为建筑大师的,而他自学的方式除了读书,便是旅游,一有机会,他就会到世界各地参观建筑杰作,对他来说,这是另一种方式的阅读……这个年轻人决定,以柯布西耶为偶像,复制他的成功之路。

他开始一边工作一边自学,用一年的时间将大学建筑系的教科书研读完毕。接下来,他要像柯布西耶那样去世界各地旅游,但是,他没有钱!

就在他一筹莫展之际,一位朋友说,只要做上拳击手就可以拿到工作签证出国比赛,于是,他花了两个多月的时间拿到了职业拳击赛的执照,然后利用出国比赛的机会到世界各地旅游。

从1962年开始,他经西伯利亚铁路来到莫斯科,然后从北欧进入中欧、南欧,接着再到印度……在漫长的旅行途中,他欣赏到了无数建筑杰作。

1969年,他结束了历时7年的旅游生涯回到日本,开设了一家建筑师事务所。但是,不仅没人承认他是一名建筑师,反而都觉得他异想天开:"一个没受过正规教育的人,怎么可能成为建筑师呢?"

面对质疑,他没有退缩,经过整整7年的不懈努力,1976年,他设计的"住吉的长屋"让他在日本建筑界崭露头角。

此后,又经过长达20多年的奋斗,他终于成长为一位像柯布西耶那样的大师级人物——1995年,在他54岁时,他获得了有"建筑界诺贝尔奖"之称的"普立兹克奖",成为有史以来获此殊荣的第三位日本建筑师。

他就是被誉为"清水混凝土诗人"的安藤忠雄。他和"鸟巢"设计者赫尔佐格、央视新址设计者库哈斯被合称为世界三大建筑师。

可见,拥有一个精神上的偶像,时刻拿偶像的优点来进行自我暗示,更容易让自己产生成功的意念。

比如,在我们遇到一些问题需要处理的时候会不由自主地想:"如果是他,他会怎样做呢?"这些问题和想法都是自我暗示的心理效应,即自己会在心中形成一种固定的模式,那就是要向自己的精神偶像靠拢,而潜意识在收到这样的信息后会迸发出潜能量,使你做得像你的精神偶像一样出色。

有人说："我们缺少的不是榜样,而是发现榜样的渠道和学习榜样的心态。"我们并不否认任何人都有缺点,即使那些成功的人身上也有很多值得批评的地方,然而,树立一个榜样并非就是要学习他所有的东西,而是要学习他的优点。他们能够成功,肯定有好多值得学习的地方。

一个人仅仅依靠自己的知识、经验、资金、资源进行奋斗是远远不够的,不仅会多走很多不必要的弯路,还会耗费很多时间与精力,结果却依然不尽如人意。如果我们能静下心来,仔细研究一下别人的经验,向成功者学习,和他们一样思考问题和解决问题,那么,成功离我们也就不远了。

2.反省自己,才能更快进步

一个人若是一味地对自己的错误视而不见,不接受别人的意见,也不懂得自我反思,只会更加迷失自我,让自己一直在错误中走下去,不断受挫。只有经常反省自己,注意改正自己的毛病,才能使自己越来越趋向于完美。

一个国家需要反省,一个人也需要经常反省自己。奥巴马本人就是在反省中成长起来的。

在西方学院里,奥巴马加入了"南非车子运动"。在一次理事会的集会中,奥巴马被选为开场发言人,他绘声绘色的演讲打动了观众,因此,他想要继续他的演讲。但这时,两个白人学生上台抓住了他的手,把他拉了下去。之后,其余两个朋友上台解释了这一幕的由来——他们试图用这种方法把南非激进分子的活动戏剧化。

奥巴马充满了挫败感,因为他的演讲成了闹剧。在当晚的庆祝派对上,雷吉娜向奥巴马表示祝贺,奥巴马却说:"我今天的演讲能够获得你的认可,我感到非常荣幸,但以后我不会再这样演讲了。"紧接着,他说出了自己的理由,"我没有什么可说的,之前我答应做这些事,是因为我喜欢掌声,但现在我发现,今天的事情做和不做没有区别。"

雷吉娜郑重地说:"是你太幼稚了,你逃离不了你自己。你最大的问题就在于总是考虑自己,你的想法和其他人没有什么不同。你需要明白的是,没有人会对你的讽刺、你的世故、你受到的伤害感兴趣,我也不例外。"

奥巴马沉默了,他陷入了深深的反思:在相当长的一段时间里,他只考虑自己,所有关于自己的认识都是狭隘的、渺小的、不健全的。或许因为恐惧,他才放纵了自己的青春……通过对自己的反省,他让自己投入到学业当中,在西方学院的两年里,他在知识方面有了长足的进步。

2010年11月5日,在民主党中期选举失利的情况下,奥巴马也对自己做出了反思:"我忘了在竞选总统期间所展示的领导力风格……我已经意识到领导力不仅仅是要制定法律,还要说服民众、团结民众以及给予民众信心。领导者要着眼大局,提出的理念要能够让普通民众理解。"他承认了自己的失误,表示在以后的工作中会有所改进,并"愿意承担个人责任"。

我们需要反省自己,还因为我们每天都要做很多事情。有时在某些情况下,可能会做出一些不符合道德规范的事情而不自知,这个时候就需要我们在闲下来的时候回头反省一下自己一天的行为,若是发现了过错,就要立刻改正,否则,错误不断累积,就会形成一种习惯,到那个时候再想改就很难了。

晚清名臣曾国藩一生都在自我反省。在他留下的百万字的日记里，大多数都是对自己行为的反省。

初到京师为官的曾国藩耽于应酬交际，而忽略了学习，于是，他在日记里痛批自己的行为，并决定谢绝应酬，减少交游。

曾国藩年轻得志，因而高傲，喜欢与人争论，结果经常使得朋友之间不欢而散。对此，他也在日记里反省了这样的行为。

创办团练的时候，曾国藩一时急功近利，伸手向朝廷要官，结果被雪藏。这让曾国藩后悔不已，在他的日记里也有这方面的自我反省。

曾国藩几乎每天都对自己的行为进行反省，这些使得他不断改过迁善，优化自己的行为，从而在官场中越来越顺畅，终成一代中兴之臣。

冯友兰先生在《中国哲学简史》中有这么一段叙述："做人不仅仅要思考，更重要的是我们要思考我们的思考。做人不能以自我为中心，事事都从自己的角度出发，有些时候，多站在别人的立场想问题，多'吾日三省吾身'，很多棘手的问题也就迎刃而解了。"

有人说："我们总是看到别人的不足，对于自己的缺点却总是熟视无睹。"反省自己就是用给别人挑毛病的眼光来看待自己，用责备别人的心来责备自己。有缺点、不足并不可怕，可怕的是不敢承认，可怕的是没有反省自己的勇气。只要我们有勇气反省自己，正视自己的缺点，就能改正那些缺点，让自己不断进步。

3.谦虚是不可缺少的品德

古人有"满招损，谦受益"的箴言，告诫世人要虚怀若谷，对人对事的态度不要骄狂，否则会使自己陷于四面楚歌之中，被世人讥笑和瞧不起。

法国资产阶级启蒙思想家孟德斯鸠也说过："谦虚是不可缺少的品德。"

奥巴马一贯有谦逊的作风。上任总统后，奥巴马首次出访参加G20金融峰会时，曾经向沙特国王鞠躬，这一谦逊姿态虽然受到了美国国内一些右翼保守人士的质疑，但也获得了很多好评，有人甚至评论说："奥巴马的作风堪比肯尼迪，奥巴马和夫人米歇尔以他们的魅力和智慧赢得了欧洲媒体的赞许，这是十分罕见的。"

2009年11月14日，奥巴马前往日本皇宫拜会日本天皇和皇后。见到天皇之后，身材高大的奥巴马几乎是90度鞠躬与日本天皇握手。奥巴马的这一举动又赢得了很多支持，一改前任总统牛仔式的傲慢风格，一定程度上在世界面前重新树立了美国谦逊有礼的形象。

2008年，奥巴马竞选总统，在与麦凯恩的第三场电视辩论时，奥巴马的谦逊为他加了不少分。

面对一直处于领先状态的奥巴马，麦凯恩的辩论非常有侵略性，甚至用翻白眼的傲慢动作表达他对奥巴马的蔑视。他高傲地说道："我不是美国总统布什，如果你要和布什竞选总统，你应该在4年前参加竞选。"

而奥巴马丝毫没有受到麦凯恩这种举动的影响，他表现出了冷静而谦逊的态度。他平和地说道："如果我有时误把你的政策当作了布什总统的政策，那是因为在对于美国人民来说最重要的经济核心议题上，包括税收政策、能源政策、优先支出等，你一直是布什总统的积极支持者。"

辩论中,麦凯恩不时出现恼火的情况,他无法控制自己的个人情绪,尽管他最终解释清楚了自己的经济哲学,但他没有把选民拉到自己这一边来。而奥巴马始终把讨论的要点集中在具体的问题上,而且在整个辩论过程中,他一直保持着严肃、理性的姿态,以克制、冷静的态度表现了对麦凯恩的尊重。

待人接物时,经常流露出谦逊的态度,能够让我们的人格更加完善,提高自身修养,为自己赢得更多的尊重。而且,谦逊丝毫不会影响一个人的伟大,反而会为伟人增添很多人性色彩,让他们的形象更加光辉。

牛顿是一名伟大的科学家,他在临死前是这样评价自己的:"我只是像一个在沙滩上玩耍的男孩,一会儿找到一颗特别光滑的卵石,一会儿发现一只异常美丽的贝壳,而与此同时,真理的汪洋大海在我眼前未被认识。"

有人说:"谦逊不是自卑,而是强者的品德表现。"没有人会喜欢并支持一个暴躁无常、自以为是的人。而谦逊能够为人赢得喝彩和掌声,使他得到更多的支持和爱戴,或许他现在不是强者,但他必将成为强者。

4.集思广益,不搞一言堂

在一个复杂的组织内,必然存在着许多复杂多变的情况,如果单靠领导者的独裁式管理,很容易会出现很多没有明确归属的工作,而这些工作如果不能及时处理,就会导致整个组织效率低下,并出现各种各样的冲突和矛盾。所以,要想使一个组织内部的各部门之间工作协调,管理者要依靠民主的力量,而不是做"一个人说了算"的"祖师爷"。

"一言堂"并不代表领导力强,人民不会觉得搞"一言堂"的领导有魄力,而只会觉得这样的领导不够平易近人,甚至昏庸无道。拥有"宰相肚"的领导善于接纳他人的意见,开创民主自由之风,人们敢于说话,领导也愿意采纳,这样,领导才能听到更多不同的声音,得出最正确的结论。

在谈到博客的问题时,奥巴马说道:"我认为博客的危险在于,我们谈话的对象仅仅是与我们观点相同的人。这就意味着,在一段时间内,我们自己的偏见不断被强化,我们不能以开放的心态对待不同的意见和观点。我一直在极力思考这个问题:我们用什么方法使得不同的博客作者能够互相交流呢?不同的观点能够互相交流,使得博客成为一种谈话或对话的方式,而不仅仅是我们互相喝彩的场所。"

奥巴马从很早的时候就明白,没有绝对正确的意见和观点,人们之所以意见不同、观点有异,是因为人们所处的立场不同,看问题的角度不同。以开放的心态对待不同的意见和观点,让他团结了大部分人,最终成了一国的领袖。

美国政府搜集民众电话通信记录被斯诺登爆出后,引起了一场不小的风波。2013年6月6日,白宫表示对政府的行为有严格管制,称确保情报机构搜集相关资料时不会侵犯公民的自由权利。

尽管斯诺登事件相当敏感,白宫发言人厄尼斯特陪同奥巴马前往北卡罗来纳州时,仍曾在"空军一号"上告诉记者:"身为美国总统,优先要务是美国的国家安全。我们必须确保拥有所需工具,以对抗恐怖分子构成的威胁。我们必须要做的是,权衡此优先事项以及保护民权的需求。"

而就此问题,奥巴马同样摆出了以开放的心态面对不同观点和意见的姿态,他说道:"欢迎就民权与安全孰轻孰重进行辩论。"

古代的帝王，很多都不能敞开胸怀尊重别人的意见，手里掌握着生杀大权，意见不一时，或罢官，或贬官，甚至杀人，这样的帝王难成大业。只有尊重别人意见、善于倾听别人意见的帝王才能成就一番事业。

汉文帝时，北方的匈奴势力强盛，严重的时候，兵锋甚至惊扰到了西汉的都城长安，文帝深以为忧。

一次，文帝见侍从冯唐在边上，就问他："你是哪里人？"冯唐回答说："我是赵、代的人。"文帝说："赵、代出名将，李良就很会打仗。"冯唐回答："李良根本算不上会打仗。赵、代的名将，要数李牧、赵奢等。"文帝叹息一声说："是啊。我要是有李牧、赵奢那样的名将就好了。"冯唐毫无畏惧地说："就算有李牧、赵奢那样的名将，您也不会用。"

文帝一听，心里很生气，又不好发作，一甩衣袖进了内室。文帝在内室站了一阵，消了气，便命人把冯唐叫了进去，说："你说话也太直了！好歹也给我留点面子呀！"冯唐说："我没见过世面，只会说大实话，请您恕罪！"文帝问："你刚才说我有名将也不会用，是什么意思？"冯唐说："李牧守边的时候，征收的钱粮租税随便花，赵王从不派人查他的账目，所以他把士兵都养得很好，士兵也愿意为他出死力。现在云中太守魏尚，杀敌有大功，不过是在计功的时候多报了几颗人头，您就免了他的官，还把他关进了监狱。这不是忽略了人家杀敌的大功，计较人家多报几颗人头的小过吗？"

文帝一听，立即命冯唐直接到云中，把魏尚从监狱中放了出来，官复原职。

别人提出的不同意见和批评，只要是好意的，我们就要分析问题的原委，虽然最终也可以不接受，但不能一开始就以不开放的心态面对。如果总是对别人的意见表现出鄙视或反感，这种行为也会渐渐导致我们身边再也没有敢于给我们提意见的人存在,当我们真正出现错误时,将无法通过别人这面"镜子"来知晓,最终犯下大错。

一个人不怕犯错误,怕的是不肯虚心接受别人的劝告、意见和建议。"多闻者智,拒谏者塞,专己者孤。"以开放的心态面对不同的观点,能够得到更多的意见,也许别人一百个意见中只有一个是正确的,但只要能够吸收这一个,对我们本身的帮助也是巨大的。

有人说:"人的一生如同身居森林,鸦雀无声的结果只能让这一片森林了无生机。只有让百鸟齐鸣,才能奏出美好的音乐。"做人就应当如此,以开放的心态接受各种不同的声音,而不是搞"一言堂"。如此,不是领导的人可以因此得来朋友,是领导的人可以借此笼络人才。

5.正视别人的批评,从失败中吸取教训

大国领导之间互赠礼物是非常讲究的一件事情。英国首相布朗曾经为上任伊始的奥巴马精心准备了一个充满象征意义、强调英美传统友谊的礼物:一个笔筒。这个笔筒可以和白宫椭圆形办公室里那张名为"坚毅桌"的书桌相配。此书桌是19世纪英国皇家海军"坚毅"号军舰的船身木材打造的,1880年经维多利亚女王之手赠送给了当时的美国总统。布朗送给奥巴马的笔筒取材于英国皇家海军"塘鹅"号军舰的船身木材,"塘鹅"号和"坚毅"号是姊妹舰,由此可见布朗的苦心。

而奥巴马回赠给布朗的礼物是一套好莱坞大片,包括《星球大战》《公民凯恩》《教父》等25张影碟,其中还包括一部叫作《精神病患者》的影片。英国媒体对此感到非常愤慨,《每日电讯报》指责奥巴马"无礼",说这

些影片在任何一家店里都能买到。有的媒体还指责:怎么不附带一包爆米花呢?而且由于视频制作的差异,这些影碟在英国根本无法播放。

由于送给布朗的礼物遭到了太多的批评,在随后为英国女王伊丽莎白二世准备的见面礼中,奥巴马花了一点儿心思:新款iPodNano,里面装了40首百老汇歌曲。然而,奥巴马还是遭到了批评:"换汤不换药。"

在2009年3月底,奥巴马接待到访的澳大利亚总理时,充分吸取前面的教训,赠送给澳大利亚总理一张罕见的美国国歌《星条旗永不落》当年的原版乐谱。

奥巴马犯过无数次错误,但他能够接受别人的批评,使自己的错误很快得到纠正。

遭遇批评是很正常的一件事情,无论我们从事什么样的工作,遭遇批评都是在所难免的。对待批评有两种态度,一种是接受和正视,一种是拒绝和无视。前者能够让我们吸取教训,使自己的能力得到提升,使自己得到好评,最终让我们走向成功。

很多人拥有远大的理想和为理想奋斗的决心,但大部分人最终却无法摘得理想之花,这是因为他们选择了第二种面对批评的态度。这样的人不懂得从失败中总结经验和教训,让错误一而再、再而三地发生,最终使自己失去了奋斗的决心。

胖女孩和漂亮女孩是好朋友。有一次,两个人见面,漂亮女孩向胖女孩诉苦:"我有一个苛刻的老板,经常指责我的工作这里不对,那里也不对,即使是法语发音,这死板的法国老太太也会挑出问题来!"

胖女孩听后,便主动要求去做漂亮女孩的工作,最终,她如愿以偿地成了法国老太太的护工。短短几个月后,胖女孩和老太太相处得非常好,不可思议的是,这位老太太还动用她在法国的社会关系让胖女孩到法国去深造。

漂亮女孩后来与胖女孩见面,问她:"为什么你能忍受老太太的坏脾气呢?"

胖女孩回答说:"老太太的确很苛刻,我去照顾她的第一个月,她经常批评我这里不对、那里不对。譬如我走路姿势不对、坐姿不对、眼神不对……可是当我去审视自己的时候却发现,老太太说的一切全是对的。"

发现老太太是对的、自己是错的之后,胖女孩开始努力改正,并阅读了大量书籍,了解法国人的生活习俗和禁忌。后来,老太太对她的批评变得越来越少了……

批评当然是不中听的,会让我们觉得非常伤自尊,但每个人都会做错事情,而我们自己往往注意不到自己的错误,所以需要别人的"指点"。著名思想家爱默生曾说,如果我们将批评比喻为一桶沙子,当它无情地撒向我们时,不妨静下心来,在看似不合理的要求中找到让我们进步的"金沙",在批评中寻找成功的机会。

西方谚语说:"恭维是盖着鲜花的深渊,批评是防止你跌倒的拐杖。"听惯了谀词的人常常狂妄自大,只有虚心接受批评的人才能改正缺点,提升自己。所以,我们必须养成虚心接受批评的习惯。就算有时候别人对于我们的批评并不正确,我们也应虚心听取,因为这是一种做人的态度。

富兰克林曾经说:"批评者是我们的益友,因为他点出了我们的缺点。"其实,每个人的机会都是一样的,我们都有着相同的起点,甚至会犯相同的错误,并且听到足够多的批评;不一样的是,有些人听取了别人的批评,从失败的经验中得到了教训,进而创造了卓越。

6.最爱读书的美国总统

读书让一个人更有深度和内涵,我们所看到的奥巴马所散发出来的魅力其实是经过了大量书籍的沉淀的。他曾经跟人说过:"(读书)这是治疗疾病的唯一方法。"在纽约的那段时间,他几乎什么样的书都读,但相对而言他最喜欢的还是《圣经》和德国著名哲学家尼采的著作。除此之外,他还非常喜欢美国小说家赫尔曼·梅尔维尔和托妮·莫里森的著作。

在大学期间,有一次,奥巴马正在一家咖啡店读一本名叫《黑暗之心》的带有种族主义色彩的小说。他的黑人朋友马科斯在一边嘲笑他,雷吉娜走了过来,马科斯介绍他们两人互相认识。然后,马科斯把奥巴马的书抢了过来,递给雷吉娜:"我告诉你,兄弟,这本书会荼毒你的思想。"然后,他嘱咐雷吉娜拯救一下奥巴马的思想。

雷吉娜对着奥巴马笑了笑,把书还给了他。

奥巴马认真地对雷吉娜说道:"其实,马科斯说的没有错,这本书确实有很强烈的种族主义色彩。作者激进地认为整个非洲是世界的污水池子,所有的黑人都是一接触就会传染污秽的野人。"

雷吉娜困惑地问他:"既然是这样,那你为什么还要读呢?"

奥巴马说:"因为这本书给了我一些别样的启发。抛却种族主义色彩,它让我学会了保持距离去看待世界。而且读这本书可以帮助我理解到底是什么让白人感到恐惧:是他们自己思想的扭曲。最重要的是,这本书让我理解了人们是怎样学会仇恨的。"

奥巴马成为总统后,列出了一个总统书单,书单显示,奥巴马看过很多史书和传记,比如《美国历史的反讽》《罗斯福传》《和而不同》等,也包括很多文学作品，如《土生子》《所罗门之歌》《金色笔记本》《莎士比亚全集》《圣经》《白鲸》等。奥巴马还曾为自己的幕僚推荐书籍。

奥巴马被认为是美国历史上最热爱读书的总统之一，他不停地读书和思考，并且能够在书中得到自己想要的东西，以批判的眼光来读书，思考出"另类"的东西。很多时候，他自己思考出的结论甚至超出了作者的思想。无论是评论者还是他本人，都认为那段大量阅读的时期是奥巴马告别迷惘的青春，成为一个睿智的成年人的起点。

高尔基说过："书是人类进步的阶梯。"读书不仅能够增长我们的知识，而且，很多作家灵感枯竭时，还可以在前辈的文学名著中找到灵感；很多科学家要"站在巨人的肩膀上"进步，也要通过读书才能使自己了解"巨人"；很多商人做事死板，可以在哲学家、思想家的著作中找到灵活的方法；很多人可以通过读书让自己变得更有涵养、更有礼节……

美国18世纪著名的政治家、科学家富兰克林自幼酷爱读书。小时候，他家里穷，没有钱上学，只能外出打工谋生，在这种情况下，他常常饿着肚子省钱买书来看。

富兰克林是一个极有同情心的人。有一天，他在路上看到了一位白发苍苍的老婆婆已经饿得走不动了，于是，他把自己仅有的一块面包送给了她。老婆婆看富兰克林也是一副穷人的样子，不忍心接受他的面包。富兰克林拍拍自己装满书籍的背包说："您吃吧，我包里还有很多！"

见此，老婆婆便吃起了面包，只见富兰克林从背包里抽出一本书，津津有味地读了起来，便问："孩子，你怎么不吃面包啊？"

富兰克林笑着回答说："读书的滋味比吃面包强多了。"

富兰克林经济拮据，购书能力有限，只得经常借书来读。由于借书有时间限制，很多时候，他连夜读书，疲乏了，就用冷水洗脸，继续读，以争取准时还书。

正因为如此热爱读书，他最终才能取得常人无法企及的成就。他参与起草了《独立宣言》，曾代表美国同英国谈判，曾创办《宾夕法尼亚报》，建立了美国第一个公共图书馆……他在科学方面也有杰出贡献：发明了避雷针，在研究大气电方面的成绩也非常突出……

读书能够让我们充分了解人性，有益于我们为人处世；读书能够让我们变得聪慧，以便于应对生活中遇到的困难；读书能够让我们变得勇敢，以克服各种人性中的怯懦……从书中，我们能够发现自己身上的不足，并不断借鉴前人的优点，让自己不断进步。

培根说过："知识就是力量。"而读书是我们获取知识的最佳途径。当然，读书要讲究一定的方法。有些书需要泛读，有些书则需要精读，有些书需要我们观其大略，有些书则要我们深入批判。我们要能够选出优秀的书籍，并用正确的方法来读，这样才能充分地为自己补充能量。

第九章

情商管理,逆境赢得成功的法则

1.上帝不会完全公平,你必须学会适应

有些人出生就含着金钥匙,或生在官宦之家,或生于显贵之室,而有的人一出生就要面临贫穷,承担贫困带来的痛苦;有些人在人生的道路上会遇到很多突如其来的灾难,比如残疾、车祸等事故,而有些人相对就要顺利一些……上帝不会完全公平,我们无法控制这些先天或者命运的东西,如果我们一味纠结于此,那么结果只有一个,那就是在抱怨中消沉下去。想要生活变好,我们唯一能做的就是适应它,并改变命运。

奥巴马在印尼的时候,曾经通过一份杂志看到过这样一个故事:一

个黑人青年因为肤色种族问题备受白人的排挤,于是他想用化学药剂将自己的皮肤漂白。结果,他不仅没有成功地漂白皮肤,反而毁了容。

这个故事让当时年仅9岁的奥巴马心里一震,一股莫名的酸楚涌上他的心头。后来到了夏威夷,由于备受冷落,他的种族意识觉醒了,并且,他试图用更积极的种族主义来证明自己不是黑人的背叛者。那段时间,他几乎走上了极端,他抽着大烟卷,讨论新殖民主义、欧洲中心论、父权制等,他和一些黑人同胞用这些来抗争社会给他们带来的不公。

直到他读了更多的书、接触了更多的人之后,这种极端的想法才逐渐被改变。他慢慢地学会适应这个社会,他明白总是抱怨不公不能改变自己的生活,反而会让自己越陷越深。他知道自己无法改变自己是个黑人的事实,但他也并不逃避这个事实,他从来都没有企图用自己是个混血儿来把自己与黑人划开界限。

他用自信的姿态与周围的人打交道,改变了之前不想上大学的想法。来到大学之后,他通过自己的努力,得到了同学和教授的喜爱和信任。

世上没有完全公平的事情,每个人的起点可能不同,但终点却有可能完全一样。甚至,经历过更多痛苦的人会走得更高更远。

2012年的总统竞选上,奥巴马是个黑白混血儿,罗姆尼却出身于显赫家庭;奥巴马家庭贫困,在2006年之前甚至还身负债务,罗姆尼却身家过亿……很明显,奥巴马品尝过更多的人生酸涩,也正因此,他才能对最底层的人民感同身受,并以此取得了人民的信任。

奥巴马确实因为出身受到过轻视,可是他在奋斗的过程中从来没有深陷于抱怨不公之中,相反,他把这种轻视转化成了奋斗的动力,用这种不公的境遇拉近了和底层选民的距离。他要改变的就是美国人现有的症结,让每一个美国人都能得到相同的待遇,不管是白人还是黑人。也许,正是因为早年上帝对他的不公平,才造就了他非同一般的梦想,也造就了他独特的魅力。

高中快毕业时,在和教师举行的一场橄榄球赛中,布朗不幸被踢中头部,左眼视网膜脱落。他在医院待了几个月,接受了3次眼部手术,受尽煎熬,最终不得不接受左眼失明的事实。

布朗心灰意冷,他觉得上帝对自己非常不公。那段时间,他躲在屋子里不出门,讨厌陌生人的蔑视,更憎恶亲朋的同情。

一天,他的哥哥约翰回到家,塞给他一把手枪和6发子弹。布朗抚摸着手枪,问:"这是一把真枪?"

约翰说:"当然了!我们到户外进行实弹射击,玩个痛快!"

来到屋后的小山冈,他们将目标定于20米开外的一棵橄榄树。约翰率先举枪,他连开三枪都没有命中目标,只好把枪交给布朗。布朗的前两发子弹都射偏了,有些沮丧。约翰在一旁鼓励他说:"别放弃,你还有一次机会!"这一次,布朗屏气凝神,果然击中了树干。

约翰欢呼着抱住弟弟,兴奋地说:"你比我有优势,因为上帝替你蒙上了左眼,你可以心无旁骛,专心瞄准目标!"

一瞬间,布朗感觉浑身充满了力量。第二天,他又回到了学校学习。

眼疾反而加强了布朗奋斗的决心,大学毕业后,他迅速在政坛脱颖而出。46岁,他当上了英国历史上任期最长的财政大臣,后来,他接任布莱尔成了英国新一任首相。

抱怨不公或许可以为自己的无所作为找到借口,但最终却不会让现实有什么改变。1985年,霍金做了一次穿气管手术,从此完全失去了说话的能力。但他却在这样艰难的情况下写出了著名的《时间简史》,探索着宇宙的起源。海伦·凯勒天生失明,却并不抱怨生活,写出了追求光明和幸福的《假如给我三天光明》⋯⋯

生活不会完全公平,我们要树立正确的心态,理性对待生活中的不公平,将这种不公转化成前进的动力,只有这样,才有可能从内心深处爆发出无限的潜力,让自己更有勇气去寻找属于自己的成功。

2.敢于承认错误

人无完人,犯错在所难免,但在对待错误的态度上,很多人都抱持着同样的心理,那就是想方设法地隐瞒自己的错误,因为他们觉得承认错误会让自己很没面子。其实,承认错误并不是一件什么丢脸的事情。相反,你承认错误越及时,你就越容易得到改正和补救。而且,由自己主动认错要比别人提出批评后再认错更能得到别人的谅解。

刚上任不久,奥巴马就"栽了一个大跟头"。奥巴马此前曾提名达施勒担任美国卫生部长,尽管此人因漏缴税款而备受争议。对此,奥巴马的处理方式是在2月3日这一天,把美国五大电视台的主持人"传"到椭圆办公室,并通过他们告诉美国人民,"我犯了错误。"奥巴马没有道歉,但他要传达的信息十分清楚:我不应该这么早就犯这么大的错误,但我不会被这个错误干扰,我会努力完成人民赋予我的重任。

相较于奥巴马的坦诚,他的前任们就没那么干脆了。比如前任总统布什,在2004年一次新闻发布会上被问到自己曾犯下哪些错误的时候,他顾左右而言他,直到他离开白宫时才终于不觉得别扭,坦言自己犯的一些错误;再比如尼克松对待"水门事件"的态度,他顽固地坚持自己不是"坏人";而克林顿则信誓旦旦地发誓"我从未与莱温斯基小姐发生过性关系",最终成了公众的笑柄。

虽然奥巴马一出师就不利,但他没有闪烁其词,没有让旁人承担责任,而是勇敢面对错误、承认错误。他这样公开承认错误的做法不但平息了众人的非议,还让自己得以集中精力去处理当前的事务。勇敢地承认错误,换来的是众人的谅解和宽容。

华盛顿出生在一个大庄园主家庭,他的家中有许多樱桃果园,果园里长满了果树,但其中有一些不结果的杂树。有一天,父亲递给华盛顿一把斧头,要他去把影响果树生长的杂树砍掉,并再三叮嘱,一定要注意安全,不要砍到自己的脚,也不要砍伤正在结果的果树。

在果园里,华盛顿挥动斧头,不停地砍着。突然,他一不留神,砍倒了一棵樱桃树。他害怕父亲知道了会责怪他,便把砍断的树堆在一块儿,将樱桃树盖了起来。傍晚,父亲来到果园,看到了地上的樱桃,猜到是华盛顿不小心把果树砍断了。尽管如此,他却装着不知道,看着华盛顿堆起来的树说:"你真是能干,一个下午不但砍了这么多树,还把砍断的杂树堆在了一块儿。"听了父亲的夸奖,华盛顿的脸一下子红了。他惭愧地对父亲说:"爸爸,对不起,是我粗心,不小心砍倒了一棵樱桃树。我把树堆起来是为了不让您发现我犯了错。我欺骗了您,请你责备我吧!"

父亲听了之后哈哈大笑,高兴地说:"好孩子,虽然你砍倒了樱桃树,应该受到批评,但你勇敢承认了自己的错误,没有说谎或找借口,我原谅你了。你知道吗?我宁可损失掉一千棵樱桃树,也不愿意你说谎逃避责任!"

华盛顿不解地问:"敢于承认错误真的那么珍贵吗?能和一千棵樱桃树相比?"

父亲耐心地说："敢于承认错误是一个人最起码的品德。只有敢于承担责任的人才能取得别人的信任。看到你今天的表现，我就放心了。以后把庄园交给你，你肯定会经营好的。"

奥巴马曾经说过这样一段话："我们仍然有机会纠正最近的失误，这个失误使我们的原则和传统受到质疑。的确，对我们国家的地位和安全来说，纠正这个失误是必要的。为了恢复那种曾经使我国成为全世界的希望与自由的灯塔的价值观和判断力，我们需要在我国的领导地位方面改变态度和方向。"从这段话当中，我们可以看出奥巴马纠正错误的决心。

《论语·子张》中说："君子之过也，如日月之食焉；过也，人皆见之；更也，人皆仰之。"生活中，很多人缺少一种及时纠正错误的决心和意识。有的人不能正确地认识错误和对待错误，因为好面子，犯了错误就遮遮掩掩，不做自我批评。列宁曾说过："聪明的人并不是不犯错误，只是他们不犯重大错误，同时能迅速纠正错误。"这其中的关键就在于犯错之后能否严肃地对待错误，并及时地改正。

楚文王曾经沉迷于打猎和女色，不理朝政。太保申借先王之命，要对楚文王施以鞭刑。在太保申的坚持下，楚文王被迫接受。楚文王伏在席子上，太保申把50根细荆条捆在一起，跪着放在文王的背上，再拿起来，这样反复做了两次，以示行了鞭刑。文王不解地说："我既然同意接受鞭刑，那就索性真的打我一顿吧！"太保申却说："我听说，对于君子，要使他们心里感到羞耻；对于小人，要让他们皮肉尝到疼痛。如果说让君子感到羞耻仍不能改正，那让他尝到疼痛又有何用处？"楚文王听后深深自责，从此不再去打猎，也不再沉迷女色，奋发图强，不久就兼并了39个国家，扩大了楚国疆土。

一次错误就是一次教训,改过自新,才能不断成熟起来。人非圣贤,孰能无过？过而能改,善莫大焉。索福克勒斯也说过:"一个人即使犯了错,只要能痛改前非,不再固执,这种人并不失为聪明之人。"犯错并不可怕,可怕的是知道错了依然坚持错误不肯承认,那样就会错上加错。其实,犯错也是一种经验,勇于承认更是鞭策自己的方法之一,也是完善自己、提升自己的良策。

3.主动做别人不愿做的事

奥巴马在芝加哥南边区当社区组织者的时候, 发现了这样的现象:当人们的经济状况变好后,总是喜欢搬去更好的地方,享受更好的生活资源,让自己的子女得到更好的教育。当地的很多人都是如此,有了钱之后就会搬向郊区的富人区,而且,这种行为不管是对于白人还是黑人来说,都是一种本能。

当一个人有了更多的资源和能力之后,就不愿意再待在贫穷的地方了。但奥巴马却自愿在这里待了3年,做着别人不愿意做的社区工作,致力于改善底层人民的生活状态,守护黑人同胞……

在芝加哥的贫民社区, 为了改变城市的空心化和贫困化的恶性循环,政府采取了一些具有建设性的行动方案:改造贫民区的部分区域,建立高档公寓等。这些措施让很多中产阶级居民认识到:如果没有孩子,这样的条件比搬家要舒服得多。因此,这些举措很大程度上留住了一批中产阶级居民。

　　然而,除了新建的高档社区外,其他地方的经济状况和黑人的生存状况依然很差。贫穷也是奥巴马进入黑人社区之后遇到的最棘手的问题。贫穷衍生出了一种恶性循环:黑人生存环境恶劣使得犯罪行为滋生,从而导致犯罪率居高不下,要想避免这种情况,只能提高居民的经济状况和教育水平,然而,普及教育和提高生活水平需要钱的支持……

　　在这种背景下,奥巴马因为信仰在黑人社区里留了下来,肩负起了社区组织者的重责。

　　在这里,他结识了芝加哥三一联合教堂的主持牧师赖特牧师,他成了奥巴马的灵魂导师。从长远看,他们的工作目标基本一致,他们在鼓励教友们追求成功和富裕的同时,也号召他们热爱脚下的土地,鼓励他们留下来,以繁荣当地的经济。

　　奥巴马在伊利诺伊州的参议院任职时, 曾找到共和党的领导者,主动申请了一些有挑战性的工作:到公共健康和福利委员会负责相关事务。对方被奥巴马的真诚感动,答应了他的请求。在这个岗位上,奥巴马的能力得到了充分的体现。

　　奥巴马做的这些别人敬而远之的事情,无一不成了他竞选道路上的通行证,这些都是他引以为豪的经历。也正是在做这些事情的时候,他的思想层次变得更高,眼光变得更加长远,这为他后来的成功奠定了基础。

　　然而,在生活中,很多人非常反感做自己不喜欢的事情,他们觉得"逼迫"自己这样做没有任何意义。其实,做别人不愿意做的事情,对于不熟悉工作状况的人而言,是学习和提升自己的良好机会,而对已经对工作非常了解的人而言,把别人不愿意做的事情做好是表现自己吃苦耐劳和对工作负责的机会,以此可以得到别人的认可。

在许多年前的日本,一个年轻女郎来到一家著名的酒店当服务员。

在新人受训期间,上司竟然安排她洗马桶,而且工作质量要求高得吓人:必须把马桶抹得光洁如新!这让她难以承受,因为她没想到自己会被分配洗马桶的差事,她看见马桶就有种作呕的感觉。正在此关键时刻,同单位一位前辈及时出现在了她的面前。前辈亲自洗马桶给她看了一遍。首先,她一遍遍地洗着马桶,直到洗得光洁如新;然后,她从马桶里盛了一杯水,一饮而尽,没有丝毫勉强的意思。

她目瞪口呆,如梦初醒!她意识到是自己的工作态度出了问题,于是她痛下决心:"就算一辈子洗马桶,也要做一名洗马桶最出色的人!"从此,她成了一个全新的人,她的工作质量达到了无可挑剔的高水准。

多年过去了,这个当年洗马桶的日本女郎成了日本政府的主要官员——邮政大臣,她的名字叫野田圣子。

很多人总想着要尽快展现自己的才华,恨不得赶紧在自己理想的工作岗位上一鸣惊人,他们不屑于做那些琐碎或不体面的工作。被分到了不好的工作岗位上,不是跳槽就是应付了事,这种素质的人哪怕做了自己想要的工作也是做不好的。能够在别人不愿意做的事情上静下心来,表现出负责、忠诚、敬业等良好素质,获得成功是早晚的事。

体面的工作谁都想要,但在舒适中,我们无法进步,在体面的工作里,我们得不到锻炼。做别人不愿意做的事情需要我们付出勇气,也需要我们放眼长远。如果我们能够鼓起勇气放下身段,或者短时间内吃苦挨累,那么最后收获的一定是我们自己。

成功者所从事的工作,是绝大多数的人不愿意去做的,这是以美国管理学者韦特莱名字命名的"韦特莱法则"。换一句话说:做别人都不愿意做的事,并把它做得更好,我们就会取得成功。

4.自我肯定,自信让你更有力量

奥巴马曾经如此自信地说道:"如果你把我和任何一种人,无论是黑人、白人、西班牙裔人、共和党人还是民主党人放在一个房间里,给我半个小时的时间,我就能带着其中大多数人的赞成票走出那间屋子。"

奥巴马是一个超级自信的人,作为一匹政治黑马,他的自信让人眼前一亮,这种气质感召了无数人,也让他自己充满了力量,这种力量在他的演讲中充分地体现了出来:"我们将实现我们坚信不疑的改革,更多的家庭能够看得起病,我们的孩子,我的女儿玛利亚和艾丽莎和你们的孩子将会生活在一个更为干净和更加安全的星球上,世界将以不同的眼光看待美国,而美国将把自己看作一个更少歧视、更多团结的国家。"

2008年9月15日,雷曼兄弟宣布公司破产,紧接着,金融危机席卷全球。这场危机给正在参选的奥巴马和麦凯恩带来了不同的机会。面对危机,奥巴马非常自信。他曾经说过:"如果缺乏政府的干涉和控制,美国社会的分化就会进一步扩大, 经济震荡会更容易发生且越来越难以控制,美国民众将很难团结起来。"金融危机就像是撞到了奥巴马的预言上一样。

面对危机,奥巴马通过"变革"的口号正面回应了选民在金融危机下的心理需求,以极度自信的姿态赢得了选举。

胜选之后,他自信可以处理问题,自信可以团结全国民众应对危机,就像他在演讲中所说的那样:"在这个国家,我们患难与共。让我一起抵制重走老路的诱惑, 避免重新回到令美国政治长期深受毒害的党派纷争、小题大做、不成熟等表现……我们能够做到。"

他自信可以团结全体美国人民,他说:"对于那些没有投票给我的美国人,我想说,我没有赢得你们的选票,但我听到了你们的声音,我也将是你们的总统。"

一个人只有首先相信自己,才能充分挖掘出自己的潜力和能力,将自己的优点充分表现出来。小仲马自信自己也有成为文学大家的能力,所以才不依赖父亲的名气投稿,最终取得了文学上的成就,成了法国文坛上的一颗明星。

希尔曼身高不足1.55米,她的体重却达到了62公斤。她唯一一次去美容院,美容师说希尔曼的体重对她来说是一个难解的数学题。

希尔曼还记得自己第一次跳舞时的悲伤心情。舞会上,没有人邀请希尔曼跳舞,不管是什么原因,希尔曼在那里坐了3个多小时。回到家后,希尔曼告诉父母,自己玩得非常痛快,跳舞跳得脚都疼了。他们听到希尔曼这么说都很高兴,欢欢喜喜地去睡觉了,而希尔曼却在自己的卧室里伤心地哭了一整夜。夜里,她想象着,参加舞会的孩子们正在告诉他们的家长:没有一个人和希尔曼跳舞。

有一天,希尔曼独自坐在公园里,担忧着如果自己的朋友从这儿走过,在他们眼里,她一个人坐在这儿是不是有些愚蠢。后来,她读到了一段法国散文,文中出现了一个总是忘了现在而幻想未来的女人,她不禁想:"我不也和她一样吗?"

显然,这个女人把她绝大部分时间都花在了试图给人留下好印象上,只有很少的时间是在过自己的生活。在这一瞬间,希尔曼意识到自己整整数年光阴就像是花在了一个无意义的赛跑上,她所做的一切一点都没有起作用,因为没有人注意她。从此,希尔曼完全改变了自己。

生活中,有很多人因为各种原因而自卑:长得不够漂亮、没有更好的学历背景等。其实,每个人都有自己的优点,不管我们自身存在怎样的不足,那些优点都是值得肯定的。大文豪马克·吐温曾经经商,不仅将自己多年用心血换来的经费赔了个精光,还欠了一屁股债。妻子奥莉姬深知丈夫没有经商的本事,却有文学上的天赋,便帮助他鼓起勇气,振作精神,重走创作之路。最终,马克·吐温摆脱了失败的痛苦,在文学创作上取得了辉煌的成就。

有人说:"内心的强大能够有效弥补你外在的不足;内心的强大能够让你无所畏惧地走在大路上。"自我肯定就是一种内心的强大,我们的能力就是在不断的自我肯定中逐步提升的。著名作家柯林·威尔森虽然遭遇过很多次投稿碰壁,但他通过不断地自我肯定,让自己的写作能力逐步提升,才有了后来的文学成就。

自信能够让我们感觉到自己的强大,让我们的身心都充满活力。当我们肯定了自己的优点,在心中反复暗示自己可以时,就等于挖掘了内心深处的力量,这种力量能够让我们发挥出巨大的潜力,为日后的成功打下基础。

5.不要让别人的看法左右自己

奥巴马的第一个州参议员任期并不轻松,因为那个时候,他还只是一个政坛"菜鸟",人们如此先入为主地看待他:奥巴马只不过是一个心高气傲的常春藤优秀政府派,常常向别人显示自己为社区组织做出的牺牲以及自己的哈佛血统。

奥巴马在任职国家参议员期间,有一回,他在20世纪60年代的民权领袖弗农·乔丹家里吃饭,讨论自己未来的状况。乔丹知道他有意竞选总统,对他说道:"物各有时,你现在时机不对。你可以去做你想做的事情,但我不同意你的想法。"

奥巴马一路走来,有太多的人不同意他的看法、不支持他的决定,但奥巴马并未被他人的看法所累,他清楚地明白:自己在美国没有敌人。他要做的就是主动结交朋友,尽可能拓展自己的人脉,并且好好地做一些实在的事情,把政绩搞好,改变人们对他的看法。

在西方学院,奥巴马认识了一个很漂亮的黑人女孩乔伊斯。一次黑人学生联合会活动,奥巴马问乔伊斯参加不参加,乔伊斯说道:"我不是黑人,我是多民族的。我的父亲是意大利人,而母亲是多国混血,既有部分非洲血统,又有部分法国血统,还有部分美国和其他国家血统。我觉得现在黑人的待遇已经比过去好了很多,为什么我要选择属于哪一个种族呢?现在的美国社会已经愿意把我像个人对待了,但偏偏是一些黑人还对种族问题耿耿于怀,他们总是试图传达给我这样的理念:种族问题还很严重,我们要团结起来对抗白人,这不是庸人自扰吗?"最后,她还劝奥巴马不要去参加活动。

奥巴马无法同意她的观点,因为她把黑人称作"他们",好像要撇清关系一样。这种态度首先就错了。尽管奥巴马同样也是乔伊斯口中的"多民族"人,但他不能像她那样自欺欺人,逃避自己身份的根本原因其实就是害怕、就是自我挣扎。

通过思考,奥巴马坚定了自己内心的想法,他下定决心做最真实的自我,远离谎言和欺骗,绝不被他人的看法左右。

生活在这尘世中,我们每个人都免不了要看别人的眼光和听别人的言论。但是,当我们为了他人的意愿而放弃自己最为喜欢的东西,为了他人眼中艳羡的目光而丢掉自己本应坚持的道路时,我们是否已经从自己人生的操盘手的位置上退出来了呢?

对于一个问题,每个人都有自己的看法,如果我们总是被别人的看法所累,终会茫然不知所措。人需要这样一种信念:我认为对的,我就去做,不管现实和环境以及别人怎样。无论别人做不做,我们都应该学会坚定地去做自己认为正确的事情。也许我们小小的行为无法改变世界,但至少我们可以不让世界改变自己。

小泽征尔是世界著名的音乐指挥家。有一次,他去欧洲参加指挥家大赛,在进行前三名的决赛时,他被安排在最后一个指挥演奏。轮到他上台时,评判委员会交给他一张乐谱。

演奏过程中,小泽征尔以世界一流指挥家的风度全神贯注地指挥演奏。然而,他突然发现乐曲中出现了不和谐的地方。开始,他还以为是演奏家们演奏错了,于是指挥乐队停下来重新演奏了一次,但他仍然觉得不对劲,便向评判委员们提出了质疑。在场的所有作曲家和评判委员会上的权威人士都郑重声明乐谱没有问题,是小泽征尔出现了错觉,他被大家弄得十分难堪。在这庄严的音乐厅内,面对几百名国际音乐大师和权威,他不免对自己的判断产生了动摇,但是,他仔细回想了乐曲之后,仍然觉得自己判断正确,于是他大吼了一声:"一定是乐谱错了!"

他的吼声刚落,评判台上那些高傲的作曲家和权威评判人士便向他报以热烈的掌声,祝贺他夺得了大赛的冠军。

原来,这一个小小的乐谱错误是评委们精心设计的圈套。前面的两个选手其实也发现了这个问题,但他们在"权威"面前放弃了自己的意见。

在生活中,处处存在考验。当我们遇到问题或者做出某种决定时,总会有许多人站出来指指点点,七嘴八舌,有的说这样做才是正确的,有的说那样才行……作为当事人,切忌被别人左右,永远要记住,决定权在自己手中,别人的意见永远只能用来参考。

当我们拥有了自己的梦想和信念,有些人可能因为嫉妒等原因来冷嘲热讽,试图让我们放弃梦想;有些人可能因为自己无能而说别人也不行,试图让别人走上和他们一样的平庸之路;有些人可能因为不了解我们而误判我们的实力……无论如何,不要让别人的看法击溃自己,也正是因为别人对我们的怀疑和并不看好,我们才有机会去证明自己。

麦克阿瑟在西点军校考试前也曾遭受非议,很多人都说他考不上。考试前夜,他因担心自己落榜而睡不着觉,母亲鼓励他说:"没有人相信你的时候,也正是你证明自己的时候。"最终,他以第一名的成绩考进了军校。

每个人都是一只水晶球,晶莹闪烁,然而一旦受到他人的非议:"你不够闪烁,你不够漂亮!"有的人或许就会让自己在黑夜中悄悄消殒。真正懂得欣赏和肯定自己的人不会因此而放弃发光,而会抓住机会,将世界上五颜六色的光折射到自己生命的各个角落。

6.失败也是一种机会

这个世界上,每个人都失败过,不是一些人,也不是大多数人,而是每一个人。如果你去问你所认识的一些成功者他们是否曾经失败过,那你得到的答案可能会是一个这样的反问:"你想听哪一次失败?"

本田公司创始人本田在他的传记中曾这样写道:"我的人生是失败的连续。"没有谁能随随便便成功,任何人的成功都是建立在失败的基础上的。

容忍失败,这是我们可以学习并加以运用的极为积极的法则。想要干出一番事业,就一定要具有坦然面对挫折和失败的积极态度,千万不可一遭受挫折便当逃兵。一位攀登珠峰失败的运动员在临走前对着珠峰说:"珠穆朗玛峰,你虽然打败了我,但我会再回来的。我要战胜你,你不会变得更强大,但我会!"

2000年,奥巴马曾有过一次失败的竞选经历,因为急于求成、低估竞争对手加上政治经验不成熟,奥巴马尝到了失败的滋味。这一次失败让他几乎一贫如洗。但是令人惊讶的是,下一次,奥巴马将目光对准了国会参议员这个职位。当时,他的妻子觉得他的想法和决定几乎可以用"荒唐"来形容。的确,刚刚竞选国会众议员失败,元气尚未恢复,家境也不宽裕,如果奥巴马竞选再次失败的话,他们就可能不得不申请破产。但是,奥巴马并不这样想,他认为他从上次的失败中获得了很多的经验和教训,所以,他打算再尝试一次。他向妻子米歇尔保证,先赢得初选,再赢得大选,然后写一本书,挣钱养家糊口。正是因为奥巴马的这次决定,扭转了他人生的"命盘"。

大部分人都谈"败"色变,然而,若是我们能换一个角度来看,失败其实是一个必经的过程,而且是必要的投资。数学家们习惯称失败为"或然率",科学家则称之为"实验"。如果没有前面一次又一次的失败,哪里会有后面所谓的成功呢?

对奥巴马来说,2000年竞选联邦众议员的失败恰好为他后来的成功积累了经验和教训。如果没有那次失败,奥巴马后面的路会艰辛很多。这次失败让奥巴马深刻体会到了金钱的价值,也为他后面的筹资、更大范围的竞选积累了很多宝贵的经验。所以,这是一次不错的"实战练兵"。

英国有一位叫约翰·克里西的作家,他年轻时勤奋写作,但得到的却是接二连三的沉重打击:743封退稿信。他是怎样来面对如此打击的呢?他说:"不错,我正在承受人们所不敢相信的大量失败的考验。如果我就此罢休,所有的退稿信都会变得毫无意义。但我一旦获得了成功,每一封退稿信的价值全部都将重新计算。"

容忍失败,对于失败者来说是一种鞭策和鼓励。容忍绝不是容许自己甘于失败,而是给予自己"东山再起"的时间,让你能够以更多的经验去探索成功之路。失败只是暂时的,真正的成功者从不言败!制订超越自我的目标,就会有超越自我的作为,让你坦然面对挫折,坦然容忍失败。

在这个世界上,天资聪颖的大有人在,但很多人就是无法跨过失败这道坎,经历了一次失败就从此变得消沉,他的人生也因此而变得平庸。而坚强的人则不同,他会总结经验教训,成功了不轻浮,失败了不气馁,只会脚踏实地地向前走。

失败并不可耻,不失败才是反常,重要的是面对失败的态度,是能反败为胜,还是就此一蹶不振。真正的强者绝不会因为失败而怀忧丧志,而会回过头来分析、改正,并从中发掘重生的契机。因此,有的企业领导者在招聘人才的时候,不是像绝大多数老板那样,喜欢创造了多少成功的人,他看重的是你之前经历了怎样的失败,又是怎样看待这种处境的。

全世界著名的快递公司DHL创办人之一里奇先生，他就偏好雇用有失败经验的员工。

里奇在面试时，总是会故意询问对方过去是否有失败的例子。如果对方回答"不曾失败过"，里奇反而会认为对方不是在说谎，就是不愿意冒险尝试挑战。里奇说："失败是人之常情，而且我深信它是成功的一部分，有很多的成功都是由于失败的累积而产生的。"里奇深信，人不犯点错，就永远不会有机会成长，从错误中学到的东西，远比在成功中学到的多得多。

另一家被誉为全美最具有革新制度的3M公司也非常鼓励员工冒险，只要有新的创意都可以尝试。虽然其中有很多点子在经过实验之后几乎困难重重，最后不得不取消，失败的发生率高达60%。但是，3M仍然坚持勇于尝试，理由很简单，失败可以帮助人再思考、再判断与重新修正计划，而且经验显示，通常重新修改过的意见会比原来的更好。

怎样对待"失败"是每个人成长过程中回避不了的问题。一个真正强大的人知道从失败中吸取"应该做什么"和"不应该做什么"的教训，他们不会为失败而后悔，而会通过失败向自己证明自己原先不知道的很多东西。知道了这些东西，也就等于把握住了后来的机会。

7.有主见，但不固执

奥巴马是一个极有主见的人，但他并不是一个固执的人。在芝加哥大学法学院担任讲师时，奥巴马总是扔给学生们一些沉重而深奥的问题，并让学生积极参与讨论，师生共同解剖、琢磨那些模棱两可的答案。他知道有主见对于一个人来讲是有好处的，因此，他鼓励自己的学生也做一个有主见的人。

有时候，他和学生的观点会产生分歧，但他不会强迫学生接受自己的观点；有时候，如果学生讲得更有道理，他也不会固执己见；有时候，他会告诉自己的学生："即使看起来最正确的命题也会有意想不到的结果，问题并不是总能得到解决，没有哪条法规适用于所有的案例。"

奥巴马从政后，很多朋友都提醒奥巴马，演讲时应该极力避免说教，要积极、简单、放松，尽量表现出自己的感情。开始的时候，奥巴马对待这些喋喋不休的劝告感到非常恼火，他不喜欢听到这样的批评，尤其不喜欢被人指责为傲慢。

对于自己的演讲才能，他一直都非常自信，在精英云集的"海德公园"，他的演讲技巧确实并未暴露出问题，他的学院派腔调甚至还得到了精英们的认可和欢迎。但当奥巴马面对政客、面对平民听众时，他的演讲技巧失去了作用，他无法说服市长戴利来支持自己。

有一次，他在教堂进行演讲，他用缜密的逻辑和不温不火的腔调编织着自己的语言，他的助手却在一旁不停地提醒他："观众已经睡着了。"

奥巴马终于看到了自己的问题，他彻底认识到了自己的错误。原来，他觉得只要把道理告诉听众，就能够得到支持；现在，他觉得自己不能再固执己见，而应该找到一种更加生动、更能吸引平民听众的演说方式。

从此以后，奥巴马开始经常造访各个黑人教堂，学习牧师讲话的节奏、语气和神态。同时，他还非常注意留心听众的反应。通过不断的学习，他成了一个合格的平民演说家。

他的助手这样评价说："他放弃了'哈佛式'的演说方式，转用'平民'语言。很多人都迷上了他，仅仅是因为他的口才。"

奥巴马很有主见，但当他发现自己犯错时，绝不会坚持自己的错误。对于演说的方式，奥巴马并没有完全放弃"哈佛式"，他注意在不同的场合表现自己不同的一面，而不是固执地在不同场合表现同样的自己。

在奥巴马与罗姆尼的角逐中，罗姆尼因为对很多问题都没有形成主见，多次改变自己的立场，让选民看到了他摇摆不定的一面，这也让他丢失了不少选票；而奥巴马则使用一贯政策宣传自己，选民对这样的人感到更加放心。

一个有主见的人能够冷静地面对非议、批评和质疑，然而，有主见不等于固执。

柯达公司是胶卷技术的佼佼者，曾经以色彩清晰明亮的胶卷冲印技术独霸全球。在中国，柯达公司可以说是独步天下，把竞争对手富士远远地甩在了后面，国产的公元和乐凯更是跟在其后面气喘吁吁。就是在这样一个大好局面之下，柯达却像施乐一样犯了同样的低级错误——忽视了数字影像技术是未来影像技术的主流这样一个事实。

令人啼笑皆非的是，柯达公司居然是世界上第一个发明数字影像技术的厂家，但为了维系自己的胶卷利润，他们把自己发明的数字影像技术锁进了保险柜里，结果被富士、索尼、佳能和奥林巴斯等企业抓住了机会，他们利用柯达对数字影像技术的疏忽和对未来数字潮流的淡漠，迎头赶上并瓜分市场。最后，这个曾经叱咤风云、不可一世的柯达公司迎来了破产的命运。

最让人感叹的是，那些被柯达公司放弃了的技术，有的小公司仅仅是利用了其中的一小部分，现在都变成了声名显赫的专业公司。

很多人感慨地说："柯达老总的固执，导致了柯达的失败。"

想要做到有主见但不固执,需要辩证地看待问题,学会变通。无论是做人还是做事,都要学会变通,因为只有变通才能帮你找到更好的方法。

人们的固执大多时候是因为缺少自知之明。歌德有一句名言:"有一种东西,比才能更罕见、更优美、更珍奇,那就是自知之明。一个目光敏锐、见识深刻的人,倘能承认自己有局限性,那他离完人就不远了。"我们每个人的能力都是有限的,每个人都有自己的弱点或者说不善于去做的事情,在"南墙"上寻找教训,客观地认识自己的优点和缺点,认清自己坚定的东西是否值得坚持、是否有意义,才能发掘自我潜力,进而超越自己。

对自己的梦想和追求,我们应该坚持不懈,应该保持自己的主见,用逻辑和目标为自己指引前进道路,这是毋庸置疑的。但是,我们不能够盲目地坚持,不能固执地以为"自己就是正确的""这么做就是对的",不能让自己的行为成为撞到"南墙"不回头的愚蠢,否则,我们最终会为自己的行为付出代价,后悔终身。

第十章

危机管理,绝不停下前进的脚步

1.保持冷静的心态

遭遇猝不及防的危机,我们的心会不由自主地狂跳,以致情绪失控,无法正常思考,但"惊慌"对解决问题毫无意义,只会加快危机恶化的速度。要想在危机中求生路,就必须先把心沉淀下来,拥有积极阳光的心态,保持不慌不忙、镇定自若、安之若素、稳如泰山的良好精神状态。

当巴拉克·奥巴马成功当选美国新一届总统时,美国上下欢欣鼓舞,所有人都在迎接一位新领袖的到来,他们在期待着改变,梦想自己的生活可以像奥巴马说的那样美好。而身为奥巴马背后庞大组织的民主党也异常兴奋:这个国家终于是我们的天下了。他们摆脱了过去8年被共和党人"统治"的艰难岁月,终于可以扬眉吐气了。但是,过于高兴甚至得意忘形使有些民主党人忘乎所以,他们开始将手中的权力视为私有财产,不再像从前那样克己奉公,一些违背法律和人民意志的事情也相应发生,而身为民主党人的奥巴马也难以避免地受到了牵连。

就在奥巴马当选总统不久,他原来所在的伊利诺伊州爆出了丑闻,该州州长布拉戈耶维奇利用奥巴马留下的一个参议员席位大搞卖官勾当,公然叫价50万到100万美元,他甚至想将该职位据为己有,以谋取2016年总统大选。但他的不轨行为已经被美国联邦调查局注意,并在其家中安装窃听器对他进行监视,布氏的卖官罪证就是在被窃听时得知的,他在电话中说:"这一席位有相当高的附加值,我不会白白送给人家。如果他们不给我足够的好处,我就把这个肥缺留给自己。"除了卖官,他还利用职务之便为妻子谋取了一个高薪职位。他的罪行败露后,民主党立即遭到了严厉指责,奥巴马也受到了牵连。不甘心失败的共和党借助此事大做文章,诋毁奥巴马也参与了卖官行为。而且,由于布氏卖的是奥巴马留下来的参议员席位,因此,有人说他是幕后策划,想从中谋取利益。共和党翻出伊利诺伊州旧账,该州有多任州长贪污受贿,有的至今仍在服刑,想在奥巴马就任总统之前给他一个下马威。一时间,奥巴马原本清白的形象仿佛一去不复返。

但奥巴马没有惊慌失措,没有因为突然的诋毁而自乱阵脚。他明白,首先,自己并没有参与其中,他是清白的;其次,思维混乱只会让自己陷入更深的泥沼,处理不当很可能"弄假成真",使自己处于更加不利的境地。所以,对于这一突发事件,奥巴马冷静面对。他在第一时间发表声明表明,自己与这件事无关,同时强调该州州长应立即辞职,由伊利诺伊州人民重新选出一名可以代表人民利益的官员主持大局。此外,他还对涉案官员的行为表示遗憾,虽然他们之间的关系并不密切。一场原本想陷奥巴马于不义的事件就这样被他平息了,人们在佩服他力挽狂澜能力的同时,也非常赞赏他超乎常人的冷静。

面对这桩别人强加于奥巴马的丑闻,如果他有丝毫的不冷静,即将开始的总统历程就可能非常被动,人们会觉得他是个与丑闻官员有关联的总统,他的形象会一落千丈。但是,他用自己的冷静回击了一切。他的积极、合理的回应使人们看到了一个领袖在关键时刻应该具备的镇定,也更坚定了大家对他的支持。

突遭危机是考察一个人定力的时候,如果你自己先乱了阵脚,行为失措,那你就没有能力去应对即将发生的一切。只有保持处乱不惊、头脑清醒冷静,你的智慧才会"活转"起来,帮你寻找到摆脱危机的办法。

临近圣诞节的一个晚上,英国一家大型剧场里座无虚席。台上的一个大笼子里,一位驯兽师正和几只孟加拉虎一起表演马戏。

正在大家为一个精彩的动作喝彩的时候,突然停电了,四周一片漆黑。如果老虎兽性发作,那驯兽师就惨了,所有观众都惊恐得屏住了呼吸。一分钟后,供电恢复正常,观众们看到驯兽师好像根本不知道停电了,依然和孟加拉虎保持着表演的状态。

瞬间的惊讶之后,剧场里响起了雷鸣般的掌声。表演结束后,有人问驯兽师:"停电的时候,你不害怕老虎兽性发作,将你吃掉吗?"

驯兽师说:"害怕,灯光熄灭的一刹那,我的大脑一片空白,不过,顶多就两秒钟,我就镇定下来了,因为我知道,灯光的熄灭虽然让我看不到老虎,但对老虎却没有什么影响,它并不知道发生了变故。于是,我强迫自己镇定下来,就当什么事情也没发生,跟往常一样,按照正常的步骤不停地挥舞着鞭子,向老虎们发号施令,只要它看不出破绽,我就得救了。"

生活中,任何人都难免会突然遭遇一些危机事件。据心理学家分析,人在遭受挫折打击的时候,常见心理包括震惊、恐惧、羞耻、绝望等。这些都是极不利的心理因素,如果陷于心里挫伤的泥坑里不能自拔,就会在失败中越陷越深,以致走向毁灭。所以,要警惕这些失败心理的影响。当危机来临的时候,一定要镇静、不要慌张,只有保持好积极的心态,才能更好地解决问题。

2.时刻保持危机意识

组织是否具有危机意识,关系着组织应对环境变化的行动力,亦维系着组织的成长与创新。一个组织越是满足于过去的成就,就越容易忽略竞争环境的变化,而越缺乏危机意识的组织,其变革的意愿就越小,创新的动力就越不足,也就越可能在竞争的洪流中遭受挫败。

奥巴马是个极具危机意识的人,在当选总统之前,他就多次对当时形势大好的民主党说要时刻保持自身生活、政治及政策的严谨和正确性,切勿因为如今的利好局面而对自己放松警惕。在他的眼中,离成功最近的时刻也是最危险的时刻,这个时候,很多人会因为目标近在咫尺而失去最初的奋斗动力和严谨的办事态度,而这种懈怠也是许多人与成功失之交臂的最重要的原因。

微软是世人公认的最伟大的成功企业之一,但比尔·盖茨仍然不忘告诫他的员工,要时刻怀有"距离破产只有18个月"的危机感;中国目前盛名在外的海尔集团的CEO张瑞敏也这样阐述他的经营感受:永远战战兢兢,永远如履薄冰;日本著名企业家松下幸之助在总结松下电器的成功经验时强调:长久不懈的危机意识是使企业立于不败之地的基础;任正非认为,失败这一天是一定会到来的,大家要准备迎接,即便不能避免这种危机,至少可以最大限度地避免企业受损。因此,华为需要的不仅仅是决策层、管理层和个别部门具有危机意识,还必须加强对员工危机意识的强化与培养。

企业要想不断地稳步发展,就必须树立这样一种意识:危机迟早都会来,危机意识是企业发展的原动力。

张瑞敏曾经把当代最优秀的CEO、GE公司前掌门人杰克·韦尔奇称作市场经济下的奇人。韦尔奇管理的一大特点是不断在企业内部进行革命,他奉行一种"在必须变革之前做出变革"的哲学,甚至在大获成功之后,他还说:"对于我们的企业现在处于什么地位,我全然没有把握。"张瑞敏提出的海尔危机理念与GE的思想如出一辙。

为了唤醒员工的危机意识,张瑞敏给大家讲述了意大利梅洛尼公司的故事。

20年前,美国GE公司把意大利梅洛尼公司的负责人梅洛尼先生叫过去说:"我们决定收购你的公司,你回去准备一下。"梅洛尼先生很生气地答道:"我没有决定卖掉我的公司。"美国人撂下一句话:"那你回去就等着瞧吧!"

20年后,梅洛尼公司还存在,品牌还是自己的,并且家电产品已在欧洲占有相当大的份额。梅洛尼老先生说:"这20年来,我就是拼命地跑,不敢喘气,只有这样,我的公司才能避免被别的大公司吞并。"这是梅洛尼先生在博览会上亲自讲给张瑞敏的故事。这样的故事在上万员工圈内很快成为议论的话题。洗衣机部的戚生说："拼命地跑，首先要战胜自己的惰性。驻外人员远离集团大本营，日常行为主要靠自身素质的约束。我们在北京时，商场就这样评价说：'外地驻北京人员中，没有时间玩棋的只有海尔。'"

一个国家如果没有危机意识，这个国家迟早会出问题；一个企业如果没有危机意识，这个企业迟早会垮掉；一个人如果没有危机意识，必会遭到不可预测的灾难。人的成长也像企业的生存一样，必须具有危机意识才能使自己立于不败之地。只有预见自己可能会发生的错误或者失误，才能尽早制定应对策略，使自己渡过难关。要想取得成功，就要让自己的思维紧张起来，擦亮自己的眼睛和心智，看清自己的未来，不要被暂时的成绩迷住双眼，时时刻刻防微杜渐，这样才能在人生道路上取得突破，不断获得惊喜。

3.挫折是成功的垫脚石

很多人惧怕生命中的挫折，觉得挫折是成功的绊脚石，是一个无法逾越的障碍，一旦遭遇挫折就灰心丧气，感觉末日就要到来。大凡成功的人都经历过挫折的历练，但他们不是将挫折视为灾难，而是视为宝贵的财富和幸福的体验。奥巴马就是这样做的。在迄今为止的生命里，他经历过无数大大小小的挫折。

在2008年奥巴马的竞选道路上，奥巴马始终抱着这样的态度："我从一开始就说过，我对美国人民有信心。毫无疑问，种族问题已经不是我们文化中的一个因素。人们最关心的是，谁来为他们提供可行的医疗服务、学校和外交政策。如果他们觉得你可以做这个工作，我认为他们愿意给你一个机会。"

奥巴马一直以这样谨慎的态度来避谈种族问题，并且和极端的种族主义拉开距离。就这样，他突破了一道道障碍，最终在"总决赛"中与麦凯恩一较高下。然而，在这之前，挫折还是出现了。尽管奥巴马所阐述的梦想征服了很多美国人，但他还是卷入了种族问题的旋涡之中。

出生在1942年的赖特牧师曾经在芝加哥担任过牧师，他为奥巴马夫妇证过婚，也为奥巴马的两个女儿主持过受洗礼。奥巴马说过："赖特牧师曾经是我的心灵导师。"但，就是这样一个人，在2001年、2003年的两次会上表达过自己对美国政府的仇恨：

"我们炸了日本的广岛和长崎，我们用核武器摧毁这两个城市的强度，比纽约市所受的打击厉害千倍，我们也没眨一下眼睛……现在海外的那么些人到我们家门口报复，我们就生气了吗？政府想让我们高唱'上帝保佑美国'，不，'上帝诅咒美国'，屠杀无辜者应该受到报应……"

赖特牧师的疯狂言论对奥巴马的竞选造成了非常不利的影响。很短的时间内，56%的选民表示要放弃对奥巴马的支持。经受如此挫折，稍有不慎，奥巴马就会满盘皆输。在这个生死攸关的时刻，奥巴马选择了正面回应，他表明了不能回避种族问题的态度："我相信种族问题是美国现在无法忽视的问题……但如果我们把种族问题简单化、归纳化，把它的负面影响扩大化以至于扭曲了现实，我们就犯了和赖特牧师一样的错误……"他还呼吁美国人民化解仇恨，共同把美国建设成为更加完美的联邦。这种主动承受的态度让奥巴马的支持率一路飙升。

如果把这些挫折看成一个过程，这个过程无疑是一场灾难。但奥巴马常常说，如果没有这些波折，自己就无法成长，无法从一个不经世事的少年成长为众人敬仰的领袖。在他看来，没有挫折，就无法激起自己前进的欲望与挑战别人的决心，自己的冲锋陷阵就会缺乏某种动力和刺激。

一个谋求做大事、成大业的人，面对不顺利的形势时总是笑脸相迎，因为他明白，经历一次失败就像经历一次蜕变，生命会因此更加充实与饱满。奥巴马的生命就是这样，因挫折而越显厚重。他将挫折视为幸福的态度也被许多人推崇，很多曾经埋怨自己遭受太多不幸的人因此渐渐改变了自己的观念，变得积极、乐观、向上，他们也学着将挫折当作朋友而不是敌人。

在中山公园音乐堂，81岁的钢琴大师加里·格拉夫曼续写了他的"左手传奇"。在这场仅凭左手演奏的钢琴独奏会上，他以凝重而情感充沛的琴声征服了在场的观众。

格拉夫曼缓缓走上舞台，鞠躬，用右手略微吃力地调整一下座椅，左手流畅地在琴键上跃动起来。整场音乐会，他都以一种近乎雕塑般静止的姿态端坐着，流泻的琴声时而沉静抒情，时而灵动奔放。每一曲终了，观众席都会响起持久而热烈的掌声。

1979年，格拉夫曼的右手受伤了，医生和音乐教授都告诉他："你不能再弹奏了。"这对音乐事业正值鼎盛时期的钢琴家来说不啻为最大的打击，他好像一夜间从山顶跌到了谷底。"几年时间里，我不知道未来能做些什么，非常困惑。"格拉夫曼说。当年，他进入哥伦比亚大学修中国、日本等亚洲艺术史课程，同年还进行了自己的第一次中国之旅，并热衷于收藏中国艺术品，他需要寻找到接下来的人生之路，重拾自信，并重新证明自己。

经过几年的休整，格拉夫曼以超人的毅力专攻左手演奏的作品。

1985年，他和祖宾·梅塔及纽约爱乐乐团成功演奏了北美近代协奏曲，这为他赢得了"左手传奇"的美誉。格拉夫曼现在仍然保持着每年30余场的演出频率，是国际乐坛为数不多的如此高龄仍活跃在舞台上的知名钢琴家。

挫折使人或轻或重地产生一种消极的情绪状态，有人称之为"心理停滞状态"。这种状态有时会造成非常严重的甚至无法挽回的后果，而这种后果本来是可以避免的。这种暂时性的挫折实际上是一种幸福，因为它会使我们向着不同的却更准确或更美好的方向前进。

由此可见，假如一个人能够具备正确的挫折观，挫折不仅不是坏事，还可以成为积极的心理动力。它可以增强一个人解决问题的能力，引导一个人以更好的方法或更好的途径去实现目标。

挫折可以激发起一个人向自己挑战的勇气，这种向自己挑战的内在冲动一旦化为行动，世界上任何挫折都不会使你屈服。

困境并不可怕，可怕的是我们在受挫后轻易放弃人生。生活的确会给我们带来很多挑战，当我们感到无助、感到艰难、感到绝望的时候，我们不应该总是奢望别人来拯救我们，而应想到自己，只有我们才是自己的救星，只有我们自己学着去承受这些痛苦，我们才能彻底击垮命运的捉弄。

每个人都会遇到挫折和失败，但无论什么时候，无论生活多么艰难、多么不堪重负，我们都不能任凭自己沦为命运的奴隶。我们要用行动去证明、去创造、去主动寻找并改变它。在挫折和失败面前，只要我们不放弃，勇敢地站起来，我们就是命运的主宰。

4.安于现状是最大的敌人

想要成功，就不能安于现状，安于现状会让我们变得自满、颓废、裹足不前，变成一个碌碌无为的人。

安于现状貌似是最为保险的做法，其实不然，它会让我们变得固执，无法应对很多突如其来的状况。只有那些敢于创新、敢于改变自我的人，才能在竞争中始终处于优势地位。

在治理国家的政策上，奥巴马寻求变革，他知道："这仅仅是胜利，而不是我们所寻求的变化。我们需要做出改变，我们的社会应该更加完美，如果我们一直在老路上行走，那么，什么也不会发生。"

奥巴马阐述了沉迷现状将面临更大困境的道理，于是，他接着说："这就是为什么我们可以去改变整个残破的死刑体系；这就是为什么我们把税收体系改革得更公平和公正，从而益于工薪阶层家庭；这也是为什么我们通过了那些愤世嫉俗者所认为永远不能通过的伦理改革法案。"

对于他个人来说，奥巴马也抓住了突破现状的机会。

他的母亲曾经就奥巴马的学业问他："你马上就要毕业了，准备上哪所大学呢？"

奥巴马回答得非常迅速："我不打算读大学。"

母亲安连忙问："为什么？"

奥巴马平淡地说道："也没什么，我想先在夏威夷找份工作，然后找个社区学院修习一两个专业，半工半读，然后再走一步看一步。"

面对奥巴马这样的回答，母亲有些生气："我是问你为什么不想上大学！"

奥巴马犹豫了一会儿，说道："为什么非要上大学呢？外公没有上大学，不也过得好好的吗？"

母亲说："你外公年轻时，家庭条件很差，没有接受教育的机会，而你入读的是夏威夷数一数二的贵族学校，却不知道珍惜……你自己得付出努力，不能只是坐等机会。"

后来，奥巴马被西方学院录取，他去问弗兰克上大学的意义。

弗兰克说道："身为黑人的后代却没有上进心，没有改变种族落后面貌的觉悟，只是想着让自己生活舒适，你和那些睡在我家地板上的猫没什么两样。"

就这样，奥巴马逐渐明白了不能安于现状的道理。

面对困难时，如果想要安于现状，总是为事情不要恶化而想方设法，那么，我们的处境就会因为我们的不思进取而进一步恶化。只有当我们去思考改变时，才有可能想出新的出路来实现突破。

虽然不安于现状就要面临风险，但这些风险与机遇是共存的，闻名世界的石油大王洛克菲勒就是在风险中抓住机遇的。

在美国南北战争前，时局动荡不安，各种令人不安的消息不断传出。人们都在忙着安排自己身边的事情，忙着安排自己的家庭和财产。洛克菲勒却并没有宅在家里数钱，而是利用自己的全部智慧进行思考：如何从战争中获取附加利益。他想：如果安于现状，就必然会受到战争的蹂躏，财产缩水；如果不安于现状，主动抓住机会，说不定能获得意想不到的成功。他想：战争会使食品和资源匮乏，会使得交通中断，使商品市场价格急剧波动，这不是金光灿烂的黄金屋吗？

那时候，洛克菲勒仅有一家4000美元资金的经纪公司，他决定豁出一切去拼一下！在没有任何抵押的情况下，洛克菲勒用他的设想打动了一家银行的总裁，筹到了一笔资金。然后，他便开始了走南闯北的生意之路。一切都如他预想的那样，第四年，他的经纪公司的利润已经高达1万多美元，是预付资产的4倍。在第一笔生意结账后不到半个月，南北战争爆发了，紧接着，农产品价格又上升了好几倍。洛克菲勒所有的储备都为他带来了巨额利润，他的财富就像滚雪球一样越滚越大。

经过了这件事，洛克菲勒记住了一个秘诀：机遇就在动荡之中，关键在于敢不敢投身进去拼搏闯荡。

很多人都喜欢讨论比尔·盖茨、乔布斯等人的成功之道。抛开技术层面和营销方面不谈，从本质上说，他们两个都是"不安分"的人，都不沉迷于现状，都"想给这个世界带来点新的东西"，所以，他们能在尚未兴起的个人电脑上做出巨大贡献。两个人连大学都没上完就敢于创业，有多少人能做到这一点？一个循规蹈矩、安分守己的人，绝对不会为冒险付出任何代价。

有人说："趁着年轻出去闯一闯吧，世界上最悲惨的事情莫过于年轻人总安于现状地宅在家里不思进取。"满足于平庸生活的人是可悲的，当一个人满足于现有的生活时，他已经开始退化了。敢于闯荡的人总会发现一些新的东西，或者说创造一些新的东西，并且，他们总能想到别人想不到的地方，这是成功的必要精神。尤其是对于年轻人来说，以后的路还很长，更加需要挖掘自身的各种潜质，开阔自己的视野，寻找突破现状的机会。

5.只要有心,任何时候开始都不晚

生活中,很多人可能已经意识到自己虚度了太多的时光,但因为觉得自己的时间已经一去不复返,所以并没有产生"开始起步"的念头。其实,起步晚并不可怕,只要从现在开始努力,一切都还来得及。

很多人可能觉得奥巴马非常年轻就当上了美国总统,他的起步一定很早,其实并非如此。奥巴马经历过少年时期的一段堕落时光,后来又有了5年的社会阅历,直到1988年8月底,一贫如洗的奥巴马才来到久负盛名的哈佛法学院攻读三年制的法学博士学位。

这时,他已经27岁了,在一群刚从大学毕业或毕业后工作很长时间的年轻人里,他是一位名副其实的老大哥。然而,起步晚没有什么,一切都还来得及。奥巴马在这里表现优异,让很多同学和教授都对他刮目相看。

奥巴马违规寄出《哈佛法学评论》的编辑申请材料后,就去了芝加哥做见习律师。

在这个暑假的实习工作中,他遇到了米歇尔。米歇尔已经在这个律师行业工作了几年,但年纪才25岁;而奥巴马只是哈佛法学院的一年级新生,却快满28岁了。

当时,事务所里有不少关于奥巴马的传言。这家事务所通常不会雇用一年级学生担任暑期助理,因此奥巴马的到来非常引人注目。哈佛法学院教授玛莎·米诺告诉她的父亲、盛德高级合伙人纽顿·米诺,巴拉克可能是她教过的最具才华的学生。对于这些议论,米歇尔感到厌烦:为何一名黑人显得比较有头脑时,人们总是那么惊奇?

后来,米歇尔对戴维·孟德尔说:"徒有虚名的家伙我见过不少,我想他可能也是这样：有点聪明，善于辞令，容易给人留下深刻印象。我们一块吃了顿饭，他穿着件质量很差的运动服，嘴里叼着香烟，晃来晃去。我心想：噢，又来了，就是这样——长相不错，巧舌如簧，这副德行的人我早见识过了。"

但通过逐渐接触，米歇尔发现了奥巴马的魅力，知道了他虽然起步较晚，却很有上进心，他的未来一定会非常光明。

奥巴马是属于"起步晚、跑得快"的那种人，当他告别迷惘，确立了人生目标后，便开始全力以赴，因此，他在40多岁的时候就成了美国总统。罗纳德·里根的政治生涯起步也非常晚，1962年之前，他还在专注地从事他的演艺工作，之后，他投身共和党，开始在政界崭露头角，并最终取得了伟大的成就，于1981年成了美国总统，并在任期内为美国经济创造了奇迹。同样做过演员的施瓦辛格在政治上的起步也很晚，但他通过自身努力，成了加州州长。

鲁迅在1906年的时候中止学医，在日本东京开始研究文艺。那个时候，鲁迅已经意识到，中国人的病不在于身，而在于心，可见先生的远大理想和抱负。

1909年，鲁迅回国后，曾经担任教员职务，也就是在这个时候，他写成了第一篇试作小说《怀旧》，发表于《小说月报》第四卷第一号。1912年，中华民国临时政府成立于南京，鲁迅应教育总长蔡元培的邀请，担任教育部部员。这个时期，鲁迅看到了官场的黑暗，经过多年的不得志之后，他除了撰写谢承《后汉书》和校对《嵇康集》以外，就是研究佛经等。

1917年，鲁迅辞职回到北京，又过了一段无所事事的时间，才开始真正的写作之路。也就是说，他在文学上真正起步时已经38岁了。唤起他写作欲望的是他的一位朋友钱玄同，这件事在鲁迅的《自叙传略》中有记载:"初做小说是1918年,因为我的朋友钱玄同的劝告,做来登在《新青年》上,这时才用'鲁迅'这个笔名。"而最终,他取得了举世瞩目的成就,获得了全中国的尊重。

有的人一直在努力工作,但某个时候,他可能会发现自己的人生航向出现了偏差,或者发现自己正在自己不喜欢的职业道路上行走,或者觉得自己的路子走错了,一旦放弃,那就意味着要重新起步,而很多同龄人已经在这个道路上走得很远了。但即便如此,我们也不应该放弃重新起步的希望,只要努力,永远不晚。

事实上,在某一项事业上起步晚并不一定是坏事,比如,有的人可能在十几岁的时候就走上了文学创作的道路,而有的人在三十几岁的时候才开始从事文学创作的工作,三十几岁的人肯定比十几岁的人有更多的人生阅历和生活感悟,拥有更多的沉淀,他的文字也一定更加精彩。其他事业也是一样,阅历的积累会让我们在处理各种问题时思考到更多的东西,处理起问题来也必定更加成熟。从这一点上讲,起步晚反而是一件好事。

6.前进要保持归零的心态

当我们要计算一个数学问题时,要先让计算器归零,然后才能开始计算;当我们面对电脑系统的紊乱,想要使电脑恢复正常时,最好的方法就是对影响正常工作的垃圾和程序进行清理,这也是一种归零。

2012年4月，奥巴马的竞选团队发布了一则新的竞选广告，广告标题为"前进"，这也是奥巴马为2012年总统大选推出的新的竞选口号。

广告以2008年1月为起点，描绘了金融危机爆发后，美国房屋销售暴跌、雷曼兄弟公司破产、股市暴跌等一系列事件，同时用一条红色的不断下降的曲线表明美国失业率飙升……广告还暗示了经济问题是前任总统小布什造成的。

奥巴马的竞选广告里当然还列举了奥巴马就任以来所取得的成就，包括刺激经济增长、救援汽车业、增加就业机会、信用卡和华尔街改革、推动医疗改革、国家助学贷款改革、投资绿色能源、为中产阶级降低税收、男女同工同酬、废除美军中"不问不说"政策、结束伊拉克战争、击毙基地组织头目本·拉登等。

然而，奥巴马在2012年的总统竞选中并没有陶醉在过去取得的成就中，他虽然提到了那些成就，但他仍然抱着从零开始的心态，全力以赴参加竞选，甚至比2008年时的总统竞选更加努力。

2012年，有更多的志愿团为奥巴马拉票助选。有一次，奥巴马对着年龄大多是20～30岁的成员发表感谢讲话："不是你们让我想到自己，而是你们比我优秀得多。你们更聪明、更有条理，也更有效率。罗勃·甘迺迪曾说，当你把石头投入湖中，就会激起'希望的涟漪'，那就是你们。"

从前怎样努力，之后就怎样努力，奥巴马每一次走到更高的台阶，都会以这样的努力心态继续向前。因此，他最终顺利实现了连任。

很多人继续前进的时候总是放不下自己的地位，放不下已有的成功，这种心态很容易导致失败。

归零的心态极其重要，无论我们过去取得了怎样的成功，归零的心态都能让我们保持平常心继续前进，并帮助我们取得更大的成就。"成功需要让心态归零，失败同样也需要让心态归零"，我们前进的脚步并不只会被过去的成就所累,有时候还会被悲惨的过去所影响。因为过去的失败,我们失去自信,因为自卑,我们不敢前进,这时,我们更加需要让自己的心态归零。

作为华尔街职位最高的女人,花旗集团首席财务官兼执行总裁克劳切特女士可谓风光无限。但很少有人知道,能走到今天这一步,她经受了多少质疑、非议和否定。

在离开学校之后,克劳切特决心做一名研究分析师。1994年,她向华尔街上几乎所有的公司投出了简历,但没有一家公司肯录用她。克劳切特说:"美邦拒绝了我两次。他们不确定我有没有收到拒信,所以发了两次。最后我明白了,他们不会再回信了,我对此非常灰心。不过,这种低沉的情绪只持续了很短的时间,很快,我就重新燃起了信心,而且,这次我也明白了一个道理:如果想要成功,无论经历多少次失败,都不能影响心态,并应从头开始。"

克劳切特牢牢地记下了这些公司的名字——所罗门兄弟、高盛、美林、摩根士丹利、美邦银行,她决定用实力向它们证明自己。最后,她的确做到了,她让这些公司刮目相看,为自己当年的短视而后悔。

保持归零的心态,并不是抛弃所有。过去的成功会成为我们前进的跳板,过去的挫折将成为我们走向成功的教训,我们应当充分利用过去,保持归零的心态只是让我们保持平常心,站在新的起点上。

我们每个人都是一个计算器,可能我们有能力计算出非常复杂的数据,但无论我们之前输入过怎样的信息,当我们需要继续前进的时候,千万不要忘了"归零"。

7.及时调整自己去适应变化

这个世界唯一不变的是一直在变,环境、企业、市场、消费者莫过于此,可以说,变化是永恒的主题,快速变化的时候充满机遇与挑战,我们必须在变化中求生存、在变化中求发展。

2004年,奥巴马成功当选联邦参议员,他在自传《无畏的希望》中说,他的成功当选标志着在过去几十年的时间里,白人社区和黑人社区发生了一些改变。从宣布竞选总统伊始,奥巴马就显得有些"另类",人们看惯了一个出身显赫的白人坐在美国最高权力的宝座上,慷慨陈词地发表演讲,向世界各国传达来自美国的声音。突然之间,一个名不见经传的黑人青年宣布要成为这个国家的领袖,人们惊呼,他能做到吗? 美国能接受这样的改变吗? 但奥巴马用行动打消了人们的质疑,他的竞选主题就是"变革"。他强调过去8年的生活已让美国人民疲惫不堪,越来越多人的生活因为执政党政策的传统与陈旧而丧失希望与活力,所以人们需要改变。

他在演讲里说,人们必须抵制重走老路的诱惑,避免重新回到令美国政治长期深受毒害的党派纷争和由此引发的遗憾和不成熟的表现。在历史上,正是伊利诺伊州的一名男子首次将共和党的大旗扛到了白宫。共和党建立了自强自立、个人自由以及全民团结的价值观,这也是每个人都珍视的价值。奥巴马表示,虽然民主党在今晚赢得了巨大的胜利,但他们是以谦卑的态度和弥合阻碍我们进步的分歧的决心赢得这场胜利的。林肯当政时,在向当时有巨大分歧的国家讲话时说,我们不是敌人,而是朋友……虽然这已是历史,但仍然令每个人记忆犹新,听来热血沸腾。

奥巴马表示,他知道现在还有许多人不支持他,但不管怎样,他听到

223

了他们内心的呼喊和建议,他会虚心接受,帮他们解决问题,而终有一天,他会成为所有人的总统。奥巴马以前所未有的包容面对美国政党和人民,他强调:"无论老少贫富,无论是民主党还是共和党,无论是黑人、白人、拉美裔、亚裔、印第安人,是同性恋者还是异性恋者、残疾人还是健全人——我们从来不是'红州'和'蓝州'的对立阵营,我们是美利坚合众国这个整体,永远都是。"这就是奥巴马的改变,在他眼里,没有对抗,只有联合。原本对政治不感兴趣的年轻人,也因为奥巴马的锐意革新而热心投票,他们觉得或许奥巴马的出现真的可以改变什么。

美国一家著名报纸评论说:"我们正开始感觉到巴拉克·奥巴马的政治成功有可能改变全世界对美国的认知观念……"而《澳大利亚人报》则说:"他赢得年青一代的喜爱,是因为他的个性和风格;他赢得媒体的关注,是因为他被媒体看作文化变革的时代。"

可以说,奥巴马的最终当选正是得力于他的变革思想,这种创新让人们看到了摆脱陈腐生活的希望,这也是奥巴马推销自己的一大王牌。他处处以新示人:身份是新的、政策是新的、办事方式是新的、整个美国也就是新的,所以,他就成了新的总统。

人们需要新鲜感。一个人要想取得成功,获得别人的信赖和塑造自我价值,就不能活在传统、陈腐的观念里,锐意创新、寻求变革才能给自己带来新的希望和生机。

"唯一不变的是变化"这句话在阿里巴巴从来不是一个口号,而是阿里巴巴员工必须面对的现实。在变化中求生存和成长的广大员工从不适应到适应,从不习惯到习惯,这一原则渐渐深入人心。

阿里巴巴是在变中求生存、在变中求发展的,把"变"视为网络产业常态,正视变化、不怕变化、顺应变化、主动变化是阿里巴巴的应变术。在阿里巴巴内部,变化早已成为常态。创业9年,阿里巴巴内部变化之大之频繁令外人吃惊。机构的变化、人员的变化、职务的变化、工作的变化几乎月月都在发生。阿里巴巴的创业元老和老员工骨干几乎人人都经历过不止一次变动。

如马云所说,变化是痛苦的,岗位的变动使许多员工多年的积累丧失殆尽,不得不重新开始。销售大战时,许多地区的销售主管惨淡经营打开的局面、建立的客户关系,都会随着一纸调令烟消云散,到了新地区,一切都得从头来。高管的变动同样频繁,但如此之大的人事变化,并没有在阿里巴巴引起震动。

是网络大势逼着阿里巴巴变,阿里巴巴人已经习惯了变化。不管是机构变化、人事变化、模式变化,他们都已经习惯和适应了,因此,阿里巴巴才能在这个风云变幻的互联网产业如鱼得水、游刃有余,才能乱中取胜、变中得势。

阿里巴巴在十多年的发展历程中,遭遇过几次大危机。面对危机永不放弃,当机立断迅速化解危机,直至巧妙利用危机,是马云应变之道的高明之处。

拥抱变化、大胆试错、直面错误、利用危机是马云应变之道的概括。从某种意义上说,正是马云的应变之道,使阿里巴巴活了下来并最终发展壮大。

历史已经证明,面对一个瞬息万变的行业,不能应变者、不善应变者只有死路一条。在这个日新月异的社会中,领导者如果总是抱残守缺,那就意味着失败。只有不断采用新方法、新技术,不断有新发明、新创造,不断产生新成果,事业才能兴旺发达。

然而,创新与变化却又是最艰难的,打破陈规不是说说就可以的,人们最难做的就是改变自己。每一个新事物要得到人们的理解、肯定与支持,总是需要一个过程,最初,人们往往很容易被流言蜚语吓倒。在创新和改变的过程中,"敢为天下先"的勇气是最重要的,但也需要卓越的想象力、兢兢业业的精神、坚忍不拔的毅力和冷静的头脑。

要想创新,就要紧跟时代的步伐,紧跟合作对象、客户的步伐,时刻在变化中求生存、求发展,敢于创新,敢于改变自己,敢于尝试和突破。严酷的现实要求每一个企业、每一个组织、每一个人都要在变化中求生存,在变化中求发展。因此,我们需要不断加强业务技术学习,随着社会形势的不断变化而变化,顺应时代发展的潮流,适应市场经济瞬息万变的形势。

在英国的威斯敏斯特教堂的一块墓碑上,刻着一段非常著名的话:"当我年轻的时候,我的想象力从没受到过限制,我梦想改变这个世界;当我成熟以后,我发现不能改变这个世界,我将目光缩短了些,决定改变我的国家;当我进入暮年时,我发现我不能改变我的国家,我的最后愿望仅是改变一下我的家庭,但是,这也不可能了。当我现在躺在床上,行将就木时,我突然意识到:如果一开始,我仅仅去改变自己,然后,作为一个榜样,我可以改变我的家庭,在家人的帮助和鼓励下,我可能为国家做一些事情,然后,谁知道呢?我甚至可能改变世界。"

面对各种无法控制的变化,我们必须懂得用乐观和主动的心态去拥抱它。变化往往是痛苦的,但机会也常常在适应变化的痛苦中获得。人生之路多崎岖,无论你遭受多少挫折,承受多少失败与痛苦,请不要放弃和抱怨,路还长,你应该顽强地走下去。到达目的地后,你会发现,周围的一切已经在不经意间被你改变。

第十一章

威信管理，领导者的素质决定成败

1.以德服人，才能收服人心

要走向成功，需要以德立身，这是一个成功者必须确立的内在标准。没有这个内在标准，人生之路就会失去支撑，最终走向失败。

在美国，无论何种竞选，只要挖出对手的一丁点儿不利消息，对对手的打击都可能是致命的，但奥巴马不愿意这么做，他不希望被别人说是通过旁门左道获得最后的胜利。在麦凯恩刚刚参加竞选的时候，他早期的一条绯闻被媒体曝光，是关于麦凯恩的竞选助手的。报道中说，这名助手与一年轻女子有不正当关系。舆论得知后,立即展开了对麦凯恩的抨击,说他"没有过硬的判断力,政治目光不坚定"。

在2008年的总统大选中,麦凯恩选择的助手佩林在刚开始的时候被众人看好。她气质高雅,待人热情,丈夫有着不错的职业,最大的孩子即将赴伊参军,一切看起来都那么好。但媒体随后报道她的女儿未婚先孕,佩林的形象大受影响,人们也再次怀疑麦凯恩的选人眼光,质问他到底有没有选择一个优秀助手的能力。麦凯恩因此处于尴尬境地,形势不容乐观。当媒体就佩林女儿的事情采访他的时候,他却说女儿怀孕与政治没有关系,他母亲也是在18岁的时候怀上他的。面对对手的绯闻,奥巴马没有火上浇油,而是想凭借自己的真正本领,在演讲台上、在某个贫民社区里、在所有公众面前,以令人信服的方式战胜对方,取得胜利。他的这种行为被人们称赞为品行高尚,无数人包括他的对手都因此对他刮目相看。他正是凭借自己高尚的品德折服了众人,获得了他人的支持。

"德"是指一个人的品性、德行。很难想象,一个品行不端、德行糟糕的人能结识真正的朋友,获得长久的事业成功。这样的人很难有人能与之长期合作,因为这种人不是搞一锤子买卖,就是过河拆桥;而且,他们在家庭中也会做出不道德的事情,极有可能给家人带来痛苦和不幸;他们甚至还可能因为某种利益的驱动,铤而走险,做出触犯法律的事情。

以德立身,还必须以自律为前提,一味讲哥们儿义气并不在以德立身之列。俗话说:"近朱者赤,近墨者黑。"在社会上,缺德之友最终会成为自己成功路上的定时炸弹。例如,明知这笔贷款不合手续,但因为对方是朋友,所以大开绿灯;明知这个项目不能担保,但因为受朋友的委托,所以还是办妥了。诸如此类经济犯罪案件多数发生在年轻人身上。他们重朋友、讲义气,交往中自以为彼此很了解对方的底细,因此在合作中绝对信任对方,毫无防备,不能办的事也不好意思拒绝,这样,如果被缺德之人利用,必然会毁了自己的前程。

以德立身贯穿于每个人的人生过程。在人生的不同阶段,道德对于人的要求虽有着不同的变化,每个人的体验和经历的内容也不一样,但是,"以德立身"的人生支柱是不变的,它对每个人的人生大厦起着支撑作用的定律是不变的。

富兰克林是美国资产阶级革命时期民主主义者、著名的科学家,一生受到人们的爱戴和尊敬。但是,富兰克林早年的性格非常乖戾,无法与人合作,做事经常碰壁。

富兰克林在失败中总结经验,他为自己制订了几条行为规范,并严格地执行,很快为自己铺就了一条通向成功的道路。

(1)决断:决心履行你要做的事,必须准确无误地履行你所下定的决心,无论什么情况都不要改变初衷。

(2)勤奋:不要荒废时间,永远做有意义的事情,拒绝去做那些没有多大实际意义的事情,对于自己的人生目标的追求永不间断。

(3)真诚:不做虚伪欺诈的事情,做事要以诚挚、正义为出发点,如果你要发表见解,必须有根有据。

(4)镇静:遇事不要慌乱,不管是普通的琐碎小事还是不可避免的偶然事件。

"条条大路通罗马",让道德的光环围绕自己就是其中一条。所有想成功的人在完善自身能力的同时,也要提高道德修养水平,只有这样,才能获得更多人的支持。

2.管理者首先要学会感恩

没有天生的管理者,管理者大都是从普通岗位晋升上来的。在晋升的过程中,管理者常常会得到别人的帮助,其中,有些帮助是有形的,有些是无形的,因此,管理者要学会感恩。

奥巴马一直就是个懂得感恩的人。无论是功成名就后,还是先前默默无闻时,他都怀着感恩的心去对待他人,面对曾经的过往。在奥巴马心中,那些曾经帮助过自己、给予自己爱的人就像自己的生命一样重要。在被众人熟识之前,有许多经历是奥巴马难以忘怀的。无知的少年时期、慢慢崛起的大学岁月、初入政坛即风生水起的激荡时光,每一个过程都让他铭记。在他的演讲中他也有所表述:他说他的工作让他有机会去拜访几个芝加哥最贫穷的社区。大量工厂的关闭给这些社区造成了严重的影响,奥巴马加入到了牧师与普通教职人员的队伍中,一起来解决这些问题。但他发现人们遇到的并不只是地区性的问题——关闭一家钢铁制造厂的决定来自遥远的行政主管;学校里书本和电脑的缺乏可以归咎于千里之外政治家们倾斜的工作重心;当一个孩子诉诸暴力时,他的心灵空洞政府永远无法弥补。

正是在这些社区工作的经历,使奥巴马受到了有生以来最好的教育,并理解了基督教信仰的真谛。经过3年的工作,奥巴马报考哈佛法学院,他想通过了解法律来为更多的人服务。之后,他成了一位民权律师,教授宪法课程,过了没多久,他去了州首府,成了一名州参议员。

奥巴马一直是个善于学习的人, 所以他能在过往的经历中吸取如此多的养分;他又是个懂得感恩的人,他知道如果别人不给他机会、社会不给他机会、国家不给他机会,他就无法从中得到任何东西,取得任何发展。

管理者要向奥巴马学习,学习他感恩的心态。感恩是爱的根源,也是快乐的源泉。如果我们对生命中所拥有的一切能心存感激,便能体会到人生的快乐、温暖和价值。有一位哲人说:"受人恩惠,不是美德,报恩才是。当他积极投入感恩的工作时,美德就产生了。"

有两个商人,已在沙漠中行走多日,正当他们口渴难忍时,迎面走来了一个赶骆驼的老人,老人给了他们每人半瓷碗水。两个人面对同样的半碗水,一个抱怨水太少,不足以消解他身体的饥渴,怨恨之下竟将半碗水泼掉了;另一个也知道这半碗水不能完全满足他的需要,但他却怀着感恩的心情,喝下了这半碗水。结果,前者因为拒绝这半碗水死在了沙漠之中,后者因为喝了这半碗水,最终走出了沙漠。

故事中,老人施舍的是爱心,商人喝下的是感激,正是这份感激帮助他走出了沙漠。

拥有感恩之心的人,即便只是仰望夜空,也会有一种感动。正如康德所说:"在晴朗之夜,仰望天空,就会获得一种快乐,这种快乐只有高尚的心灵才能体会出来。"人生处处需要感恩,否则你的生活会黯然失色,人者云集"，败在"离心离德，孤家寡人"。所以，感恩其实就是一种利人利己的责任感：对自己的责任、对亲人的责任、对他人的责任、对公司的责任、对社会的责任。

无论是在工作中还是在生活中，我们都要保持一颗感恩的心：对父母要心存感恩，因为他们给予我们生命，让我们健康地成长，让我们放飞心中的理想；对师长要心存感恩，因为他们给了我们许多教诲，让我们抛却愚昧，懂得思考，在工作的过程中实现自我；对兄弟姐妹要心存感恩，因为他们让我们在这尘世间不再孤单，让我们知道有人和我们血脉相连；对朋友要心存感恩，因为他们给了我们友爱，让我们在孤寂无助时倾诉、依赖，看到希望和阳光。心存感恩，一句非常简单的语言充满了神奇的力量，让那些琐碎的小事在很短的时间里变得无比亲切。

有位哲学家说过，世界上最大的悲剧或不幸，就是一个人大言不惭地说，没有人给我任何东西。感恩是一份美好的感情，是一种健康的心态，是一种良知，是一种动力。

作为管理者，必须要学会感恩，因为你有信赖的上级对你委以重任，有团结的部属为了工作不遗余力，有合作愉快的客户和合作伙伴，有那么真心为你的成就喝彩的朋友……你的感恩之心在给别人带来快乐的同时，也会为你赢得别人的尊敬和信赖。

感恩能使我们在失败时看到差距，在不幸时得到慰藉。就像换一种角度去看待人生的失意与不幸，对生活时时怀一份感恩的心情，能使我们永远保持健康的心态、进取的信念。

3.管理者要拓展自己的亲和力

有一位曾经采访奥巴马多年的新闻记者拍下过这样一张照片:两个黑人小男孩静静地看着远处的奥巴马,他们和奥巴马并不认识,但后来孩子的父亲说,两个小家伙虽是第一次见到奥巴马,他们之间却没有丝毫的距离感,反而感到很亲切,"好像一家人"。这就是奥巴马的魅力。

一个好的领导人不仅要有出众的治国才能,还要具备良好的亲民形象。再伟大的领袖也是为人民服务的,如果与广大民众有距离感,甚至让他人惧怕,这样的人就无法成为一个好领袖。人民会选择一个自己爱戴的人来领导自己前进,而这次美国人民选择了奥巴马。他从大学开始就让人觉得没有距离感,他喜欢与民众在一起,关心他们的生活,为他们解决问题。亲和力是让奥巴马在与麦凯恩的竞争中胜出的重要原因之一。

除了奥巴马,美国历史上还有一位领袖具有非凡的亲和力,这个人就是林肯。

在林肯的故居,挂着他的两张画像,一张有胡子,一张没有胡子。在画像旁边的墙上贴着一张纸,上面歪歪扭扭地写着:

人都喜欢胡子,那时,她们也会让她们的丈夫投您的票。这样,您一定会当选总统。

格雷西

1860年10月15日

在收到小格雷西的信后,林肯立即回了一封信。

我亲爱的小妹妹:

收到你15日的来信,非常高兴。我很难过,因为我没有女儿。我有3个儿子,一个17岁,一个9岁,一个7岁。我的家庭就是由他们和他们的妈妈组成的。关于胡子,我从来没有留过,如果我从现在起留胡子,你认为人们会不会觉得有点可笑?诚恳地祝愿你。

亚伯拉罕·林肯

次年2月,当选的林肯在前往白宫就职途中,特地在小女孩的家附近的韦斯特菲尔德车站停了下来。他对欢迎的人群说:"这里有我的一个小朋友,我的胡子就是为她留的。如果她在这儿,我要和她谈谈,她叫格雷西。"这时,小格雷西跑到林肯面前,林肯把她抱了起来,亲吻她的面颊。小格雷西高兴地抚摸着他又浓又密的胡子。林肯笑着对她说:"你看,我让它为你长出来了。"

奥巴马和林肯都非常清楚亲和力的重要性。亲和力就像一剂灵丹妙药,能够迅速拉近你和陌生人之间的关系,没有隔阂,有的只是相互喜共同点的人比较容易相处与亲近。

1964年,68岁高龄的土光敏夫就任东芝董事长,他经常不带秘书,独自一人巡视工厂,遍访东芝散设在日本各地的30多家企业。身为一家公司的董事长,亲自步行到工厂已经非同小可,更妙的是,他常常提着一瓶日本清酒去慰劳员工,跟他们共饮。这让员工们非常吃惊,有点不知所措,又有点受宠若惊的感觉。没有人会想到一位身为大公司董事长的人,会亲自提着沉重的清酒来跟他们一起喝,因此,工人们都称赞他为"捏着酒瓶子的大老板"。

土光敏夫平易近人的低姿态使他和职工之间建立起了深厚的感情,不仅获得了宝贵的第一手资料,还弄清了企业亏损的种种原因,获得了许多有价值的建议。更重要的是,他赢得了员工的好感和信任。

很多时候,亲和力所表达的不是人与人之间的物理距离的远近,而是心灵上的通达与投合,是一种基于平等待人的相互利益转换的基础。真实的亲和力以善良的情怀和博爱的心胸为依托,是一种发自内心的特殊秉赋和素养。

当然,亲和力从本质上来说,除了继承某种先天性的东西外,更多的是自身的一种综合气质。它要求你必须具有良好的文化素养、优雅的谈吐和大方的举止等。在很大程度上说,亲和力是一种可以通过后天的主动努力来获得的能力。

要培养亲和力,首先要装扮大方,以表现出淡雅清新的气质,给人以舒适感。然后,要学会微笑,努力使笑容真实自然。有意识地放慢说话速度,以让自己的表达清晰有逻辑,但也不要慢条斯理,让人感觉没有激情。还有一点是,多培养自己的兴趣爱好,主动调整自己的情绪,比如业余多听一些舒缓的音乐、看一些杂志书籍,让你的心情保持在一种自然平和的状态。

在提高自己亲和力的时候,可以尝试用一些策略与他人配合,让他人感觉到我们是可以亲近与依靠的。比如,配合别人的感受方式,配合别人的兴趣与经历,多使用一些"我和你一样"的句子。当你具有亲和力时,你得到的支持和欢迎就会越来越多,你也会更加有动力向自己的目标前进,终有一天,你会实现你的人生价值。

4.家庭稳定,事业才有成功的可能

当奥巴马还是哈佛大学法学院学生的时候,他就在芝加哥的一家律师事务所认识了自己的妻子米歇尔,并对她一见钟情。但那时的米歇尔对奥巴马不怎么感兴趣,她只觉得他是个学习成绩优异的黑人学生,个人经历有些不一样,其他的没什么特别。但奥巴马爱上了她,并主动邀她约会。米歇尔在描述这段经历时说:"是他先采取行动的。刚开始我还觉得有点不可思议,猜想他本人可能会有点古怪。没见到他之前,我已经把他想象成一个很不起眼的人。但是我们第一次见面那天,他和我一起吃午饭的时候就给我留下了深刻的印象。我发现他本人比照片上优秀得多,他很自信,一举一动都十分自如。"之后的一切便顺理成章地发生了:约会、吃饭、看电影。不久,两人订婚,共赴爱情之旅。奥巴马的外祖父称赞米歇尔是美女,外祖母则说米歇尔是通情达理的聪明女人。

米歇尔对奥巴马的支持不仅体现在爱情和平时的生活上,在奥巴马参选总统这件事上,她也有很大的发言权。因为与奥巴马共同度过了风风雨雨的艰难岁月,所以米歇尔能体会丈夫做这个决定时需要面对多少艰难和险阻。她曾经犹豫不决,一边是丈夫的梦,一边是整个家庭的琐事和两个年幼的孩子,但经过奥巴马的耐心劝导,米歇尔终于被打动,她决定与奥巴马并肩作战,成为丈夫最有力的后盾和力量源泉。

她像丈夫一样深入社区,关心普通民众,向他们诉说奥巴马的决心和一个由丈夫引领的更美好的未来。但米歇尔也受到了他人的质疑,很多人想知道她是不是真的热爱美国,只要她的表述中有一点纰漏,都会对奥巴马极为不利。然而,米歇尔通过一场演讲打消了所有人的顾虑。她在演讲中异常坚定地表明了对丈夫的热爱和对国家的忠诚。米歇尔说到了自己的出身,艰苦奋斗的早年岁月以及经受高等教育,和丈夫一样投身社区从事最基层的工作。她试图让台下的每个人明白,奥巴马和她一样出身卑微,却同样具有奋斗不止的精神和价值观,他们爱美国胜于爱自己的生命。

这场演讲对奥巴马起了至关重要的作用,许多之前对奥巴马持怀疑态度的人开始向他靠拢,坚定、自信的米歇尔让人们看到一个更加光辉伟岸的奥巴马。对于妻子为自己做出的贡献,奥巴马也由衷地感激。他说:"她是我过去16年来最好的朋友,是我们一家人的中坚和我一生的挚爱,更是我们国家的下一位第一夫人。"正是在妻子的大力支持下,奥巴马才能全身心地投入竞选。如果米歇尔坚持不同意奥巴马参选,他很可能不会有如此大的成绩。

家庭对一个人的事业至关重要。家庭稳定,事业才有成功的可能。奥巴马正是处理好了与家庭成员的关系,获得了妻子的倾力相助,才能在事业之路上节节攀升。人们也在这一过程中看到了他们的恩爱与责任,从而更坚定了投票支持他们的决心:一个有爱的家庭,能让美国人民享受到爱的余晖。

5.学会授权的艺术

美国本身具有的强大政治、经济、军事能力,使其国家元首的每一举动都举足轻重。所以,美国总统被认为是世界上权力最大的官员之一,无数人为之疯狂、为之奋斗。但获得这一职位的奥巴马并没有独揽大权的想法,他明白自己能力再大,精力也有限,也有不足之处。所以,他总是能合理地将工作分配给部下。

在竞选过程中,奥巴马号称拥有三百谋士,他们各司其职,把自己主管的事务经营得井井有条。由于奥巴马在美国政坛资历尚浅,他的经验不足很可能会成为对手抨击的焦点。为了使奥巴马摆脱困境,他的团队成员会事先为他准备详尽的资料以备不时之需。在成功当选总统后,奥巴马先后提名了几个人为美国各部门高官,包括希拉里、盖茨等重量级人物,让他们负责经济、军事等要务,自己则总揽全局。其中最引人注目的就是任命有色人种比如华人为政府高官,华裔科学家朱棣文就是其中之一。

朱棣文曾经获得加州大学伯克利分校物理学博士学位,入选美国国家科学院,并于1997年获得诺贝尔物理学奖,自此成为世界顶级科学家。奥巴马提名他为能源部部长,主要负责能源政策制定、技术革新与开发以及能源业的统筹。在竞选期间,奥巴马就极其重视能源问题,他主张多开发太阳能等无污染能源,减少对石油的依赖,朱棣文正是这方面的专家。他将凭借自己专业的经验及非凡成绩,协助奥巴马解决美国日益严重的能源危机,重塑其能源大国的形象。

仔细思考一下，如果奥巴马必须亲力亲为，朱棣文做的事他也能做，无非经验欠缺一些、技术差一些，但是这样的话，奥巴马就没有时间做更重要的事了，他就成了一个只管能源的人，而不是一个总揽全局的总统。奥巴马明白事事亲力亲为并不可取，不仅是对部下的不信任，也是对自己的不信任。所以，奥巴马放手让优秀的部下去做。他就像一个胸中怀有天下，但只是静静地指点江山的智者，身体未动，天下早已在心中谋划周详。

一个想成为领导的人要先明白"领导"这个词的意思。领导，顾名思义，就是带领、引导之人。领导的职责就是对潜在资源进行开发，对现有资源进行协调分配。事必躬亲的领导不是高明的领导，好领导懂得将权力下放，懂得将具体工作交给下属去办，懂得自己应站在一个高度上统筹全局。

《吕氏春秋·李贤》里提到了"治之至"的方法：宓子贱和巫马期先后治理单父，宓子贱治理时每天在堂上静坐弹琴，没见他做什么，就把单父治理得相当不错；巫马期披星戴月，早出晚归，昼夜不闲，亲自处理各种政务，也把单父治理得不错。两个人两种治法，一则事不躬亲，一则事必躬亲。事不躬亲是言之能为君者之法，它"系于论人，而佚于官事，是唱其经也"；事必躬亲是"不能为君者"之法，它"伤形费神愁心劳耳目"，是"不知要故也"。前者是使用人才，任人而治；后者是使用力气，任力而治。前者是使用人才，当然可逸四肢，全耳目，平心气，而百官以治；使用力气则不然，敝生事端，劳手足，烦教诏，必然辛苦。

前人的这套说法放在今天仍有借鉴价值。领导者的任务应当是统领全局，抓大事，而不应将精力耗在细枝末节上，细微之事可以交由下属去处理。如果所有的人都去处理细节，那么领导的作用又体现在何处呢？一个事事都自己去做的领导缺乏大气,难以在部下心中树立十足的威信,也很难被他人认可。所以,要想做得成功,就要懂得放权,学会利用每个人的长处,这样,不仅别人的价值得到了体现,自己的领导能力也得到了发挥,两全其美。

6.具备实干精神

2008年奥巴马参加竞选时,他的一位高级顾问说:"他是个实干家,他眼下要做的就是试图落实一些实际措施来解决问题,并带领美国经济和金融市场走出困境。"

奥巴马早在黑人社区工作的时候,就发现了这样一个问题:"在有心无力的时候,很多人只是吹吹口号过过瘾,说一些不痛不痒的话让自己和他人心里舒服一点,晚上睡得香一点,但这样于现实毫无意义。"这个时候,他就已经悟出了一个道理:只有实干才能让自己的生命更有价值。

在奥巴马担任伊利诺伊州参议员期间,他就通过自己的能力为伊利诺伊州做了很多实事。

他贯彻执行了1996年颁布的联邦福利改革政策。之后,他又提出了一个议案:要求州政府与研究机构分享社会福利项目的有关数据。最终,这个提案获得了通过并被写进了州宪法中。

再后来,奥巴马提议把医疗福利作为一项基本民权写入伊利诺伊州的州宪法,这一提案最终未获通过,但通过与共和党人的谈判,参议员决定以修正案的方式在共和党人的减税法案中加入对低收入家庭进行救助的条款。

2004年,奥巴马提出了一项实施全民医疗保险制度的方案,这一方案为后来伊利诺伊州推动医疗改革铺平了道路。

在推动死刑改革方面,奥巴马尤其表现出了他的实干能力与协调能力。当时,一方要抵制死刑的左派要求废除死刑,另一方支持死刑的右派拒绝废除死刑。而大量事实表明,误判的案件是普遍存在的,于是,奥巴马提出了一个特殊方案:对案件审讯进行全程录像以避免警方的严刑逼供。他对双方人员游说:"无辜者不应该被投入死牢,以身试法的人也不能逍遥法外。"最终,他的提案以压倒性优势获得了通过。

奥巴马从政,其实就是想用实干来为人民做些贡献。他是这么说服自己的妻子让自己走上政治道路的:"我们有能力为自己创造舒适的生活,我们受过良好的教育,有丰富的资源,可是,只要你环顾四周就会发现,虽然我们在城市里长大,可我们大部分家人却没有这么好的机遇。有的孩子能够上普林斯顿,有的孩子却根本没有念书的机会……"

只有实干才能实现更高的价值。有些人能够取得优秀的成绩,受人尊敬,并不是因为他们的眼光、知识、观念比别人更加出类拔萃,也不是因为他们的目标和梦想比别人更加高远,只是因为他们具有实干精神,他们依靠自己的实际行动赢得了一切。

富士康能够发展成如此大的企业,和郭台铭的个人努力是分不开的。他是一个非常务实的人,按照他自己的话说:"我是第一个上班、最后一个下班的人。"

1973年,郭台铭决定创业,于是出资10万元新台币和朋友在台北创立了鸿海塑料企业有限公司。然而,他从未预料的事情发生了,就在创办鸿海一年之后，股东们不愿再干了，纷纷退股，企业成了郭台铭的全资公司。郭台铭知道，在这个世界上，有太多事不可预知，别人放弃了，但他还要继续努力。

郭台铭的人生哲学是在实干中寻找机会，黑白电视机从台湾地区兴起无疑为他创造了一个机会——他开始制造黑白电视机选台的按钮。这时的鸿海不过是个规模只有30万元新台币的小公司，仅有15名员工。1975年，公司易名为鸿海工业有限公司。1977年，公司终于开始扭亏为盈，郭台铭立即从日本购买设备建立模具厂，为日后发展奠定了基础。

其后，郭台铭又陆续投资建立了电镀部门与冲压厂。20世纪80年代，世界进入了个人电脑时代。郭台铭靠所掌握的成熟模具技术，以连接器、机壳等产品为重心，力行"量大、低价"的竞争策略，迅速占领了市场。

当别人还在考虑能不能行、可不可以的时候，他已经以坚定的实干精神把别人远远地甩在了后面。

有人说："你闲着的时候，不要庆幸，因为你是一个没用的人；你正在做事的时候，不要抱怨，因为你是一个有用的人。"实干家清楚，梦想从脚下开始，必须为之行动起来，并全力以赴地去实践，如此，才有可能获得成功。美国著名动作影星史泰龙梦想当一名演员，他没有单纯地等待，而是让自己行动起来：锻炼身体，而后去电影公司自荐，前后自荐了一千多次，最终赢得了机会。

宁要有缺点、有毛病的实干家，也不要只会纸上谈兵的理论家。干工作就可能会出问题，有时候干得越多，问题就越多，这是自然规律，不干活的人永远不会有问题。有些人，事前不作为，事后瞎评论，以显其高瞻远瞩，我们不需要这样的"事后诸葛亮"。如果我们希望自己更优秀，那就必须具备积极的实干精神，把它作为自己的方向，不断开拓新的途径。

7.面向更高目标的挑战

在以压倒性优势获得美国国会参议员选举胜利之后,巴拉克·奥巴马以他本身的经历展示了一个新的"美国梦"的诞生。奥巴马作为一名具有黑人血统的国会参议员,在走向总统位置的道路上,依仗的是自己敏锐的思想、理性的思维以及冷静的头脑,以及他面向更高目标的挑战精神。

2007年,奥巴马开始明确地向着更高的目标进行挑战:参选美国总统。对于奥巴马的参选,很多人都表示他们看好这匹创造奇迹的黑马,有人甚至把奥巴马比作新一代的肯尼迪。肯尼迪的女儿说:"我等这样的人等了很久。"很多人都对他充满了期待,认为他将会帮助美国开启一个新的时代。

2008年8月28日,美国迎来了马丁·路德·金纪念日,奥巴马接受了民主党总统候选人的提名。面对7万多观众,奥巴马发表了以"改变和团结"为主题的演说。针对美国人面临的一系列问题,奥巴马毫不留情地抨击了布什政府,他说道:"我们来到这里就是因为出于对国家的爱,我们不能容许下一个4年还是像过去的8年一样,11月4日,我们必须站起来说:8年已经够了。"

然后,奥巴马把矛头对准了麦凯恩推出的一系列政策,并且回击了麦凯恩对自己不能保卫国家的说法,他坚定地说道:"我们是罗斯福的党,我们是肯尼迪的党,别说民主党不能保卫这个国家,别说民主党不能保卫人民的安全。"

最后,奥巴马引用了马丁·路德·金的话号召不同信仰、不同种族、不同肤色的人团结起来,为个人和国家的梦想而努力。

也就是从这一天开始,奥巴马开始带领民主党成功人士为自己的总统目标而奋斗。

当然,并不是所有人都应该确立"总统梦",也并不是所有人都要有这样的伟大目标,成功的真谛不在于我们是否确立了世界上最伟大的目标,也不在于我们是否超越了别人,而是在于我们是否超越了自己,是否敢于为自己确立更高的目标,并且为之奋斗。

1940年,15岁的戈达德写下了一生中要完成的127个目标,它们包括攀越世界上的主要山峰,探索巨大的水路,在5分钟内跑完一英里(1600米),阅读完莎士比亚全集以及《不列颠百科全书》等。迄今,他已完成了127条中的111条,以及500多条15岁之后设立的目标。

他说:"一切都从写下目标的那刻开始,如果你真知道自己的一生想要什么,你会惊奇地发现帮助你实现梦想的机会会自己跑来。"

在半个世纪的时间里,戈达德用有限的时间、精力和金钱完成了一个又一个看似不可能完成的目标:他登上了包括马特、阿拉拉特、斐济、兰尼埃和大蒂顿等在内的12座世界最高的山峰;他到过世界122个国家,曾与260个不同的原始部落一同生活;他会驾驶40种不同类型的飞机,至今仍然拥有民用航空飞行执照;他仔细阅读了《圣经》《大英百科全书》等书籍,并学会了法语、西班牙语……

"我总是选择伟大的目标,并总把目标写下来,进而超越自我。"在戈达德的一生中,确实面临过无数次生死危机:他曾被响尾蛇、大象、河马、鳄鱼、野狗袭击,也曾被困于流沙中,遭遇过地震,经历过空难,还4次差点在激流中丧生。在尼罗河的探险中,戈达德险些饿死……但这些惊悚的经历并没有阻止戈达德再次出发。

当然,我们不必像戈达德一样制订如此伟大的目标。生活中,我们有自己必须要做的事情,有自己的梦想,比如升职、提高自己的成绩等,要完成这些,也需要我们具有挑战精神。

当我们面向更高的目标去挑战的时候,我们往往能够怀有极大的热情,我们的潜力也会因此而激发出来,最终,我们会实现梦想,走向更高层次的幸福。